现代媒介融合与传媒发展研究

于 昊 于 晴 周书红◎著

文化发展出版社
Cultural Development Press
·北京·

图书在版编目（CIP）数据

现代媒介融合与传媒发展研究 / 于昊，于晴，周书红著. — 北京 : 文化发展出版社，2023.10
ISBN 978-7-5142-4139-6

Ⅰ. ①现… Ⅱ. ①于… ②于… ③周… Ⅲ. ①传播媒介－研究 Ⅳ. ① G206.2

中国国家版本馆 CIP 数据核字 (2023) 第 208967 号

现代媒介融合与传媒发展研究

于 昊 于 晴 周书红 著

出 版 人：宋 娜
责任编辑：任秀颖　　责任校对：侯 娜
责任印制：邓辉明　　封面设计：守正文化
出版发行：文化发展出版社（北京市翠微路 2 号 邮编：100036）
网　址：www.wenhuafazhan.com
经　销：全国新华书店
印　刷：天津和萱印刷有限公司

开　本：710mm × 1000mm 1/16
字　数：220 千字
印　张：12
版　次：2024 年 3 月第 1 版
印　次：2024 年 3 月第 1 次印刷

定　价：72.00 元
I S B N：978-7-5142-4139-6

前　言

近几年来，媒介融合成为新闻传播领域乃至全社会热议的焦点。从社会发展的角度来看，尤其是互联网技术和数字技术的日臻完善，媒介融合已经成为大势所趋。党的十八大以来，媒介融合更是被提升到国家战略层面，再次成为学界和业界谈论的热点话题。一方面，新兴媒体的强势挤压让广播、电视等传统媒体举步维艰；另一方面，媒介融合的浪潮滚滚向前、势不可挡，传统媒体的转型势在必行。我国传媒业要想发展就必须转变思路，抓住“媒介融合”这一机遇，找到新的发展方向，以此突破传统媒介的限制，实现快速发展。基于此，本书着眼于现代媒介融合与传媒发展策略，积极探索媒介融合发展的新策略，以促进传媒产业的媒介融合朝着更加理性和持续的方向发展。

全书共七章。第一章为绪论，主要阐述了媒介融合的概念界定、媒介融合趋势的到来、媒介融合的基本特征、媒介融合带来的传媒发展变革；第二章为传统媒体特征及生存业态，主要阐述了传统媒体及其运营特征、传统媒体的生存窘境分析；第三章为媒介融合的发展历程回顾，主要阐述了媒介融合的产生背景、媒介融合的国外发展、媒介融合的国内发展；第四章为现代媒介融合的基本形态，主要阐述了内容融合、网络融合、终端融合；第五章为现代媒介融合的未来趋势，主要阐述了现代媒介融合的影响因素、现代媒介融合的潜在矛盾、现代媒介融合的发展前瞻；第六章为现代媒介融合对传媒产业的影响，主要阐述了现代媒介融合促进传媒产业的转型和现代媒介融合促进传媒产业的升级；第七章为现代媒介融合背景下的传媒发展，主要阐述了现代媒介融合背景下传统媒体产业发展、现代媒介融合背景下新媒体产业发展、现代媒介融合背景下的传媒规制。

在撰写本书的过程中，笔者借鉴了国内外很多相关的研究成果以及著作、期刊、论文等，在此对相关学者、专家表示诚挚的感谢。

由于笔者水平有限，书中有一些内容还有待进一步深入研究和论证，在此恳切地希望各位同行专家和读者朋友予以斧正。

目　录

第一章 绪论

在新技术，尤其是新媒体技术的推动下，媒介融合的趋向越来越明显。媒介融合不仅在技术和形态层面影响着媒介发展，更在深层次上改变着整个媒介生态环境，并由此深刻影响着人类社会的变革。与此同时，媒介融合也在逐步向更深层次发展的过程中表现出了特色鲜明的优势，推动了传媒及其产业的发展与变革。本章分为媒介融合的概念界定、媒介融合趋势的到来、媒介融合的基本特征、媒介融合带来的传媒发展变革四部分。

第一节 媒介融合的概念界定

一、媒介融合的概念

媒介融合概念拥有狭义与广义两层意义，从狭义上说，媒介融合指的是将各种类型的媒介形态“融合”起来，以实现同一源头的信息得到多元方式展示，实现传播效果的“质变”，进而构建出一种全新的传播形态，包括数字杂志、博客新闻等；从广义上讲，“媒介融合”的范围更为广泛，其中包含了所有的媒介及其相关要素的结合以及融合，不但包含了媒介形态的融合，同时还包含了媒介作用、传播方式、所有权以及组织结构等不同要素之间的融合。而这里提到的媒介融合主要是指广义层面上的。

二、媒介融合的相关概念

媒介融合（media convergence）是人类社会的一种出版传播现象。它是一个发展过程，指达到“融合后那种状态”的途径、方式，如通常所说的媒介技术融合、媒介产品和服务形态融合、媒介产业融合等。最先提出媒介融合概念的是美国麻省理工学院教授伊契尔·索勒·普尔（Ithiel De Sola Pool），在他看来，媒介融合是指集各类型传播媒介功能特点于一身的发展趋势。媒介融合使得纸质书刊、广播电视与互联网所运用的信息传播方式与手段日益相近，以信息技术作为支撑，运用电讯、卫星、网络电缆、接收终端等传输各环节，实现信息数字化。数字技术改变了信息捕捉及释放方式，摆脱了物理空间限制，信息整合能力也得以加强，不同类型的媒体媒介彼此联系的黏性加强，功能一体化的趋势十分明显。

在媒介融合的过程中相继出现了"跨媒体"（cross–media）、"全媒体"（omni–media）、"融媒体"（melted media）等概念，它们相继出现，后一个是在前一个基础上的完善与矫正，但都是媒介融合进程中的一部分。三个概念的变迁，其实质是传统媒体在面对市场化与全球化、数字化与网络化、移动化与智能化的冲击挑战时所开展的媒介融合实践形态，代表着媒介融合的不同发展阶段。

（一）跨媒体

跨媒体是指信息在不同媒体之间的流布与互动，它至少包含两层含义：一是指信息在不同媒体之间的交叉传播与整合；二是指媒体之间的合作、共生、互动与协调。起初，跨媒体是和虚构作品有着密切关联的实践，但是在国外近几年出现了非虚构的跨媒体作品，其中导演使用了"借任何必要的媒体"这种形式开展剧情叙述。

跨媒体蔓延的势头如此之猛，是社会历史和媒介市场发展的必然结果，有以下几点重要的原因：第一，一定的受众基础和受众需要是跨媒体产生的主要因素。在数字信息时代，受众对信息的获取有着强烈的需求。当信息在单一媒体中流动和传播无法满足受众需求标准的时候，跨媒体便自然而然地产生了。第二，新兴技术，特别是网络技术的快速发展为跨媒体创作提供了必需的技术支持。人们以往从未感受到媒体技术的能量有这么强大，强大到它可以改变现代人类的生活。第三，跨媒体的市场动因使各类媒体在跨媒体的大背景下必须自主地去寻找更适合的生存空间和生存机会。

在跨媒体传播领域，媒体之间合作、交融、互动是一种必然的趋势，媒体之间传播只是这种媒体间一体化与合作化的外层表象。很多传媒大鳄不但介入各种传播区块，也把传播范围扩大到全世界。例如，没有国家界限之分的澳大利亚的默多克新闻集团、美国的 CNN（美国有线电视新闻广播公司）、英国的 BBC 等传播界大鳄，它们是“第一个吃螃蟹”的探索家，也是赚得盆满钵满的获利者。跨媒体的发展趋势预示着传媒领域从此迈入“大同时代”，这是一种上升趋向的标志。它真正的意义是对不同媒体之间的交叉、互惠与共生的现象习以为常，不再区分各种媒体。

为了更好地理解跨媒体的含义，必须厘清“跨媒体”“跨平台”“多媒体”“跨界”的概念并加以辨别分析。

跨媒体具有互文性和分散性等特点，同时也运用了媒体间的联觉效应，互文性是说跨媒体通过不同的平台发布不同的内容，以此积攒碎片帮助受众获得整体性的体验；而分散性是指受众从不同的多个平台中偶然获取信息从而实现对故事中心理念更深的理解。

跨平台指的是同一个内容发行在不同的渠道，如一部动画片同一时间发布在电影院和网站上，或者完整地呈现在 DVD 上，只能说明这部动画片在跨平台播放。然而，对于加强对动画的理解方面，跨平台无法添加更多的特殊体验。因为受众不可能为了获取同样的内容而去大费周章地遍访各个不同的平台，这是毫无意义的。

多媒体是指在同一个 App 或者 web 里同时存在文字、影像和声音的状态。例如，《纽约时报》在 2012 年发布的《雪崩》（*Snow Fall*）就是典型的运用多媒体方式的案例，跨媒体与其的区别在于，跨媒体会通过不一样的平台去发布独一无二的内容，所以如果想要获得完整性体验的观众就必须主动去积极地获取信息，并且经常性地通过线上线下的网络消费模式，把碎片化信息缝合成整体性的体验。

跨界则是指基于原本资源上的某种特征和与它看起来没有联系的资源来自由地匹配运用。这样操作以后能够互相增加各自资源的价值，甚至能结合成一个自主的完整个体。从某一属性的事物，进入另一属性的运作，主体不变，事物属性归类变化，本质是整合，是融合。

对于跨媒体来说，自然会有一个疑问，那就是跨越多少数量的媒体才能算的上跨媒体呢？而上述辨析远比这个疑问更有价值，换句话说就是重点问题不是运用的媒体数量到底有多少，而是在于这些媒体之间是怎样的一种关系，在于每个媒体负责怎样的部分，在于观众能够从媒体中得到怎样的信息、认知和互动。大部分的跨媒体是以“世界构建”（world-building）的形式来架构的。在这个世界系统中有很多组成部分，如角色、社会基础和地方性特征，每个部分都依据彼此有关联的不同角色生成不同的剧情。

驱使跨媒体视域下消费的其中一个原因是受众的消费欲望——引导受众积极主动地想要剖析这个虚构的世界，实时了解角色们的背景剧情和他们所处世界的架构系统。用实时更新的虚拟剧情建立全新的世界，对于已存在的世界进行深刻的文本探索。受众对世界架构的聚焦让创作者可以在世界里与受众进行互动交流，分享自身的观点并支持他们的受众积极地探寻世界里影响角色的生活环境、社会因素和对他们发现的某些问题的溯源，以及更深层、细心地理解潜在的事件走向。有些人会因为好奇心而运用跨媒体去搜集、挖掘各种不同的想法，在支持受众彼此沟通和谈话的过程中加强受众和世界之间的感情投入和维系。

（二）全媒体

随着数字技术的发展，信息渠道的畅通催生了日渐融合的媒介环境。信息传播样态的多元化与传播手段的现代化，塑造了一个全新的传播生态，即全媒体的传播生态。“全媒体”的概念产生于媒介融合的实践当中，不仅是不同介质联合传播的一种产业形态，还是基于媒介将万事万物相互连接的一种社会形态。中国互联网络信息中心第 49 次《中国互联网络发展状况统计报告》显示，新闻媒体与互联网平台加速融合，持续推进技术突破，进一步增强用户体验，提升传播效果。对互联网基础前沿技术的不断探索与突破，一方面逐步提升了全链条大数据信息处理能力，提高了大数据信息处理的可靠性；另一方面创新了基于区块链技术的共治链信息监管，为多方共治、安全可控提供了强有力的技术支持。总体而言，数字赋能信息传播已经迈入发展的快车道，“一网通”模式逐渐应用在政务、经济、教育、娱乐等多个领域。真正意义上的“全媒体”时代已经在向我们招手。

全媒体不同于新媒体、融媒体，它们之间既有关联，又相互区别。界定清楚三者之间的联系对于深刻理解“全媒体时代”十分重要。首先，新媒体是区别于传统媒体而言的，强调利用信息技术为用户提供信息的媒介形态。其次，融媒体则是侧重于利用不同媒介的共通性与互补性，以此实现“资源通融、内容兼融、宣传互融、利益共融”的综合信息服务。

从传播媒介来讲，全媒体包含了传统的大众传媒和信息化的新媒体；从信息服务来讲，融媒体的机制也为全媒体提供了技术、管理、资源、运营等多个方面的支持。以“中央厨房”为代表的全媒体平台在早期发展时，也曾提出过“以融媒体中心建设为龙头”，后来随着硬件技术的发展，全媒体平台逐渐向统一指挥、集约制作、多级开发、滚动传播的模式完善。这也标志着全媒体已经成为一个独立的研究范畴，是以崭新的态势而区别于其他媒介融合的概念。

尽管学界对于全媒体没有提出明确的概念界定，但是当前普遍将“全媒体”理解为“四全媒体”，即“全程媒体、全息媒体、全员媒体、全效媒体”。

全程媒体。从信息传播流程的角度来看，全程媒体实现了信息的全流程传播和全过程跟踪。在新媒介技术与互联网技术的支撑下，全程传媒在新闻采编、报道等方面能突破时空限制，实现信息的即时性和广域性的传播。首先，就时间的即时性来说，全媒体环境下，信息能够随时传播，而且随着 4G、5G 等技术的发展，这一传播速度会不断加快，网络延迟逐步降低，信息的全流程同步传播基本实现。其次，就空间的广域性来说，全媒体所搭建的信息传播平台已经将世界上所有网络覆盖的地区拉入传播网络，信息能够在这个网络中的任一地点被发现、记录、保存，信息传播也突破了地区的限制，实现了跨地域高速传播。

全息媒体。从信息传播技术来看，全息媒体实现了信息的全形式呈现和全样态传递，能够将信息多元立体地展现出来。在全媒体背景下，传统媒体单一的信息表达方式被打破，开创出更多的新型媒介平台。全媒体具有信息数据化、仿真智能化、传播立体化、手机等终端一体化的特点。VR、AR、全息投影等新技术的使用，进一步丰富了信息的表现形式。信息在全息媒体下的传播形式更加立体化，涉及文字、图片、音像、视频等多种表达方式，能够更加全面地表达信息内容，有效延伸用户的感官体验，增强用户参与信息传播的新鲜感和获得感。

全员媒体。从传播主体来看，全员媒体实现了全主体参与，信息传播场域主体多元。依托网络信息技术和全媒体传播平台的发展，信息发布传递的门槛大大降低，信息传播的权力由传统媒体格局中的媒体从业者和专业人员手中下放到广大人民群众手中，使得社会中的任何个人、任何机构都可以通过各类媒体，尤其是新兴媒体平台进入社会信息交互的过程中。同时，信息发布者和接收者之间的界限逐渐模糊，两种身份可以统一在同一个体身上，个体在发布和接收信息的过程中可以主动交流、及时反馈。这使得信息传播场域呈现出高自由度和强交互性的活跃氛围。

全效媒体。从传播效果来看，全效媒体实现了效能全面，相较于传统媒体功能更加强大。从信息传播的功能维度来看，全媒体的“全”体现在用户服务功能和信息传播功能。在用户服务上，全媒体涵盖了内容呈现、信息传播、社交互动、社会服务等多种功能，为用户提供了更加强大的综合服务。在信息传播上，全效媒体在信息传播中的功能更加全面，具有更高的传播效率和更优的传播效果。能运用大数据及云计算技术，针对不同受众的个性化需要，实现有目标的信息内容制作和传播。信息受众能够快速获得自己需要的信息，减少在信息检索上消耗的时间，提高信息传播的速度，达到更优的信息传播效果。

全媒体作为互联网技术发展带来的新型传播形态，是与新发展格局相适应的信息传播模式，且呈现出了不同于以往传播模式的特征。了解和把握全媒体特征，对于提升媒介融合水平具有重要意义。

一是信息报道的全程性。就传统媒体而言，播出时刻和播放时间限制了电视和广播的信息输出，版面大小约束着报纸的印刷字数，难以做到大量的信息传播。全媒体的出现摆脱了传统媒体的传播“路数”，对信息的生产发布实现全过程播报、全链条跟踪、全方位渗入，网民可以在第一时间内发布、接收、转发信息，发表看法，表达心情，全程参与信息演化的过程。尤其是在公共事件的传播过程中表现最为明显，网民通过互联网的相关渠道和平台，在“你一言我一语”的过程中汇聚起信息的长河，使事件的来龙去脉完全呈现在受众面前。信息报道的全程性会给人带来一种身临其境的感受，受众常常处于一种参与式的“吃瓜群众”状态，但是也使得部分受众无时无刻不处于媒体化状态，对其思想观念、道德素质、价值观等方面造成一定程度的影响。

二是内容表现的全息性。全媒体不再像过往的传播模式那样仅限于枯燥单一的图文传播，而是综合可穿戴设备、VR、AR、声音、图文、视频等多种形态立体化地传播信息，带给人们全维度呈现、多形态体验的五感获得感。一方面是“形态全”，一个事件的表现形式可以通过技术手段做到多维成像和虚拟再造，使宏观的更加宏观，直达宇宙尽头；而微观的更加微观，洞悉夸克之形态。另一方面是“体验深”，全息度的不断增加，使得信息在传播过程中不仅可以实现意蕴阐释，还可以通过技术手段虚拟事件现场；既运用智能化分析手段精准推送，又运用数据刻画现实世界，给受众一种观看“实时连续剧”的体验，但是容易导致部分受众过度沉迷于网络世界而迷失自我。

三是多元互动的全员性。全媒体突破了过往传播模式中信息发布者和接收者之间的不平等状态，移动智能终端的普及使得人人手中都拥有发表意见的“麦克风”，逐渐形成全员信源、全员信宿、全员媒体、全员互动的传播链条。一方面是“多向互动”，在网络社会化的进程中人人都渴望发出自己的声音，从以往的“我说你听”“我写你看”的一对多传播转变为多对多传播。并且除了信息的生产和发布，还产生了信息消费，如公众号发帖、个人直播、微博广告等，更不用说拥有海量粉丝的用户发布信息产生的阅读率、点赞数，这已然是一种信息消费过程。另一方面是“多元参与”，全员参与在传统媒体运行模式下是难以实现的，而在全媒体环境下人人都可以自由地通过媒体平台发布自己的看法和观点，在网络社会中开辟自己的一席之地，逐步实现信息传播模式的社会化。多元互动的全员性已然促使传统媒体走到了改革转型的岔路口，同时也对迫切渴望自由发声的受众产生了极大的吸引力。

四是传播效能的全效性。全媒体通过全环节提高生产效率、全过程掌控转换效果、全方位改善传播效能、全平台实现服务效用，将传播效能拓展到最大化，在一定程度上对国家政治、经济、文化以及生态等各方面产生冲击。一方面是“效果把握准”，基于各式各样的技术手段，克服了过往传播模式“非全效传播”的缺点，即信息发出后，人们是否观看、是否收到、观后感等都不可知。全媒体可以根据数据分析精准推送、获取反馈并及时调整传播方式，使信息传播实现更好的效益，使网民具有更优的体验。另一方面是“平台功能全”，网络时代信息繁多，获取信息的方式和渠道数不胜数。全效性使得信息能够穿透圈层壁垒，实现资讯信息流到日常运用的转变，通过技术参与实现媒体属性的扩展。进一步结合受众的反馈结果，逐步营造出全新的传播生态。

（三）融媒体

现阶段，我国学者针对“融媒体”还没有统一的理解。融媒体最初形成的概念是，由于传媒信息技术持续变革所导致的传媒格局不断变化的一种媒体状态。其中，“融媒体”更为注重“融”，这是现代媒体的一种特性，主要是对内容、技术以及理念进行融合。

从内容来看，是将传统媒体所代表的政务性与大众化和新媒体所具有的个性化与娱乐化综合起来；从技术来看，是不断积累现代化通信技术，将之不断应用于媒体发展与创新当中；从理念来看，是打造更加精准的融合理念，将思维不断更新，确保后期融合发展更高效、科学。另外，还有对运营模式的融合。现阶段，融媒体在传播平台上已经逐渐脱离过往传统媒体所具有的约束性，在运营模式上不断创新，通过当下新技术的持续拓展与应用以及丰富的资源不断堆积，使得线上与线下持续融合，使媒体传播覆盖更大的受众面，从多角度上实现共赢与进步，并从中获得一定的收益与价值。要确保上述四种融合内容，才能够搭建出真正的融媒体。

总而言之，在综合理解了融媒体的多种概念之后，可以发现它是一种通过互联网技术把电视、广播等传统媒体与微信、微博等具有创新性的新媒体相融合，促使其能够从内容、主体、受众、途径等多层面进行融合，实现真正的兼具内容、资源、宣传价值以及充足利益的一种新型媒体概念。

融媒体是媒介的新旧结合、优势互补的产物，所以在性质上继承了母媒介的一些特性，并融合成了其独特的性质。不同的专家对融媒体传播的特性都提出了自己的观点。通过整合不同专家的观点以及对融媒体的相关认识，总结出融媒体的如下特性。

一是技术性。融媒体是互联网信息时代技术革新的产物，而技术是促进媒介融合发展的原动力。因此，技术性是融媒体的主要特征，在技术赋能的影响下，延伸出明显的高时效、碎片化、互动性特征。总体而言，这些技术主要包括三个部分：其一，支撑融媒体的技术接入，既包括基于大数据、云计算的基础平台接入，还包括提供信息咨询、教育服务、生活资讯等公共服务的各种应用平台之间的连接；其二，提供满足个性化需求以及垂直领域的各项服务，如电商、网上支付、跨境支付、网上银行等；其三，基于网络用户需求的内容生产和信息分布，如数字技术、推荐算法、智能推介等。若要实现上述目标，就必须实现各种不同媒介的协同创新、融合发展，同时还要抓好硬件建设，搞好软件开发。

二是创新性。融媒体的“融”不是简单的媒体联合，也不是单一的技术革新，而是将不同媒介组织和不同社会资源通过整合配置在一起，实现优势互补，使各个要素、各种资源的潜能得到最大限度的发挥。融媒体创新发展是建立在技术性的基础之上的，“全觉传授”就是融媒体创新性的凸显。全觉传授是指在特定自然场景内完成的关于人的信息感知过程，也就是融媒体创造出来的一种拟态环境。这就意味着必须通过不断创新才能适应媒介融合发展的新要求，而其中的制度创新、机制创新、管理创新至关重要；与此同时，还需要抓好顶层设计和体制改革，统筹协调好政府、市场和公众等各方利益。在促进媒介融合的发展过程中既需要遵循一般的市场规律，也要处理好竞争与合作的博弈关系，应对好开放与控制的平衡要求。因此，需要对信息传播的载体和媒介进行整合，从而也就赋予了融媒体创新性这一特点。

三是多元融合。由于融媒体以数字技术为基础，其在形式上以开源的姿态来表现内容。这里的“多元”一方面指的是多元素，即字、图、频等多种文本呈现方式的融合传播；另一方面是指多平台的交融，即广播、电视、互联网等平台的交融，也是广播电视领域常用的概念“三网融合”的另一种表述方式。此外，由于融媒体所包含的媒介数量之大，其在生活中的不同场域都构建了场景入口，这种场景构建的能力让其在社会参与中扮演着重要的角色。依据目前人们的生活实践来看，包括衣食住行在内的大部分生活场景是通过融媒体来搭建和进入的。除此之外，融媒体的不同媒介也形成了共时性互动，这种共时性特征让其可以在短时间内形成符号化的信息网络，形成复杂的网络节点。

四是多向互动。融媒体形成了集中与弥散的平衡。此特性类似于不断变化的相机焦点，可远观也可近赏；可宏观操盘整个结构，也可微观形成传播链条的一个节点。融媒体是一个复杂的系统，所以其呈现出的特征也具有一定的复合性。融媒体是包含广播、电视等传统媒体的，所以具有单通道传播时信息的凝练与集中等性质。单通道的信息传播方式虽然互动性较低，但其信息的权威性以及准确度较高，通常是由上至下的一种信息传达方式。融媒体最重要的部分是数字技术和互联网平台的介入，故而其也具有互联网、移动终端的弥散性，这是一种网状节点式的信息传播方式，具有自下而上的传播特点。由于融媒体具有两个不同方面的影响，所以其系统通常呈现出集中与弥散同时出现的动态平衡，这种状态就像一张极大的、弹性十足的网状实体。在短时间内，信息渠道的多样化和相互连接会迅速形成一个巨大的信息网络，但如果人长时间暴露在这种巨大的信息网络中会形成迷失的状态，此时通过信息统筹、协调，又可以将这张巨大的信息网络节点相连，划分同类项并且消除干扰项，进而形成对于信息相对正确的认识和判断。这种动态平衡在一定的时期内会维持在一定水平，而平衡的主要表现是社会各层机构形成的有效双向互动。

五是传播受众的弹性区间。融媒体有助于形成用户个性化选择与多样化选择间的平衡。在大数据算法影响下的各类平台的个性化推荐系统能够读取受众兴趣“DNA 库”，不断地调取、聚合、分发类似的内容，为用户提供符合其“选择性接触”心理预期下的信息，而后在受众积累一定使用时间后，由于同质化信息的不断累加，受众逐渐形成信息封闭的环境，将自己包裹进了“信息茧房”之中。融媒体通过权威可控的体系介入不同的信息节点，在注重个性化定制信息的同时，能够扩大用户在公共领域的关注维度，有效逃离“信息茧房”的自我“编织”。

六是传播内容的横纵联合。融媒体有助于信息传播速度与深度的横纵融合。融媒体传播基本以非线性传播为主。关于媒介多元融合，在信息和事件呈现突发性、多发性的今天，内容的传播速度是很重要的维度，但随着大众审美意识的提升，内容的深度同时也不可忽视，所以合并不同角度、不同阶层的观点与意见，有利于人们更快地认清事物的本质和原貌。融媒体一方面从文本创作的角度快速吸纳信息，快速编辑传播；另一方面还可利用已有信息，促进调查和研究的深入，丰富事件的维度。

七是人性化趋势。融媒体缩短了媒介发展过程中“人本位”目标实现的距离，弥补了媒介感官上的偏向，替代或延伸了感官的知觉；满足了人性需求，通过媒介完成己身难以完成的挑战，体验当下无法获得的感觉，降低了需求满足的成本，不必强迫自己忍受延时满足带来的痛苦。此外，融媒体的“人本位”思想更体现在以互联网为主体的平台上，资源开放为全世界各文化的互联互通创造了可能，思想的自由穿梭为生活提供了更多的创造性。

八是场景化入口。融媒体促成了受众多端口、多场景的便捷式进入模式，形成了覆盖面非常广泛的媒介入口，故其能够为受众带来更新的体验，即所谓的“全觉传收”。除了传统媒介构成的入口，互联网、移动互联终端以及新式的可穿戴设备等也为用户提供了媒介入口。入口场景的多样化也必然会带来受众的多样化，其在社会影响和社会参与上有着巨大的能力，但相应地也会形成窥私、猎奇的趋向，这两个方面都会对媒介内容产生影响。

第二节　媒介融合趋势的到来

一、媒介融合成为时代潮流

（一）媒介融合发展迅猛

加拿大政治经济学家哈罗德·伊尼斯（Harold A.Innis）在其研究著作《传播的偏向》中提出："一种媒介的长处，将导致一种新文明的诞生"。在新媒体技术中，以网络为基础、以大众传播为主体的媒介组织正逐步形成。在内容生产和传播的过程中，传统的功能结构、形态模式发生了转变，这种趋向并非人为的。媒介融合在信息的多样性、表达的创新方式以及技术的时空压缩等方面驱使着主流媒体构建新型范式。

首先，媒介融合是一个多层次的概念，而非局限在技术上。在飞速发展的信息时代，科技与网络无疑是促进媒介一体化的主要因素，但媒介融合并不仅仅是简单的技术构成，与人类生产生活息息相关的经济、主体、规范等各个方面都与媒介的整合有关。

其次，媒介融合是一个多角度的观念，而非局限于对传统媒介的理解。纵观近年来的研究可发现，学术界对媒介融合的讨论大都是从传统媒介入手，将思考的方向放在新旧媒介如何融通，使传统媒介能焕发出新生机。然而，媒介融合的本义并不仅仅在于传统媒介科技上的革新，相反，其中更深层的含义是传统媒体与新媒体间相互影响、相互结合。同时，媒介融合的观点不仅可以从媒体层面上看，也可以从人的角度来看，是一种新型的消费关系，包含了生产者、消费者和生产消费者。

最后，正如当今国际上著名的传播和媒介研究学者亨利·詹金斯（Henry Jenkins）在其著作中所言，"媒体融合是一个过程，而不是一个终点"。媒介融合的最终道路是不断相融，从"你是你，我是我"进阶为"你中有我，我中有你"。媒介融合发展之路是一个持续性、动态性的过程，将在发展中变化，在变化中前进。

（二）媒介融合的重要意义

1. 信息传达多元化：媒体联合搭建互动平台

媒体融合最初是指“多种媒体具有多元整合的倾向”，着重强调了融媒体的技术特点。在媒介融合发展的今天，增强新闻服务与内容视觉化、刺激性是促进媒介资源融合的重要因素。媒介的整合让传统媒体可以通过多渠道、多媒介组合的形式推动信息更快更好地传播，小到微博、微信公众号、各短视频 App 的消息报道，大到专题式、跟踪式报道都可以实现跨平台、跨内容、跨渠道传播。

媒介之间的合作让信息传递更为多元、快速。内容覆盖力和传播力大大增强，弥补了传统媒体的木桶效应。以“中央厨房”为例，作为媒介融合的一种模式，它是传统媒体进行深度媒介融合的一种机制。通过构建统一的媒体资源库，实现各电视台、新媒体编辑生产内容的共用，如短消息、长文章、图片视频、H5 模板库、相关数据库等。例如，《人民日报》的 H5 融合专题就通过多措并举的报道形式丰富了传播效果。

2. 表达方式创新化：满足需求提高综合影响力

媒介融合实际上是媒体在利用自身主业优势的基础上加速多元化经营，媒体在思考怎样从新的竞争中取得竞争优势的同时，也要保留原有竞争中取得的竞争优势。

据央视报道，在 2020 年一次由央视与抖音平台共同开展的公益扶贫直播售卖活动中，仅两小时的时长，就达到了以亿计的关注量和收看度，销售了大量的湖北特产，使湖北农业产品滞销的问题得到了很好的解决。这场直播涉及领域广泛，充分发挥了新媒体的高效性，可以有效地解决现有媒介发展中的缺陷，从而更好地适应各种类型观众的需要，大大提高了媒介融合的综合影响力。

3. 动态更新及时化：多形式整合推动优势互补

加拿大学者达拉斯·斯麦兹（Dallas Walker Smythe）在受众商品论里指出，“受众的注意力才是媒介企业真正的商品”。随着媒介融合的不断发展，产生和更新出了各种可以适应观众需要的媒体。例如，在地震救灾工作中，电视台采用“直播＋主流媒体”的多媒介整合形式，在满足观众对于救灾工作进程了解的同时，也推动了新旧媒体间的融通互补，达到了一加一远超于二的传播效果。

二、媒介融合趋势到来的主要表现

新闻传播产业是有边界的，如广播电视因频谱资源的有限性而受到进入管制和竞争管制，因公共利益而受到普遍服务管制和多样化管制。这种由技术边界、业务边界、市场边界和运作边界构成的固定化产业边界，使新闻传播产业长期处于“分立”状态。但是随着数字化的发展，新闻传播的产业边界正在消融，传播媒介之间的边界也开始模糊，出现产业融合的现象。这都说明，新闻传播产业正向着媒介融合的方向快速发展。具体来看，这主要体现在以下两方面。

（一）传统媒体与网络的融合

1. 网络媒体对传统媒体的冲击

随着互联网技术的不断发展，网络传播已经广泛应用于生活的方方面面，并对传统媒体的生存和发展造成了强烈的冲击。对于任何一个传播媒介而言，注意力资源都是维系其生存、发展的生命线。而当前网络媒体的蓬勃发展，正在分流传统媒体的主要资源，这主要体现在以下两个方面。

（1）受众分流

据中国互联网信息中心（CNNIC）2022 年 8 月 31 日发布的第 50 次《中国互联网发展状况统计报告》显示：截至 2022 年 6 月底，我国网民规模已达 10.51 亿人，使用手机上网的人数比例高达 99.6 %。中国网民规模已经相当于欧洲人口总量。我国网民的互联网应用表现出商务化程度迅速提高、娱乐化倾向继续保持、沟通和信息工具价值加深的特点。互联网的飞速发展，网民数量的剧增，带来传媒环境的变革，网络媒体不仅是网民获取信息的主要渠道，也成了功能强大的娱乐平台。事实上，对新媒介的接触和使用往往是以减少对传统媒介的接触和使用为代价的。

（2）广告分流

随着移动互联网的飞速发展，特别是微博、微信及 SNS 社区的出现，“全民皆记者”的时代来临，许多事件可以通过微博、微信等及时了解到，反观传统媒体，由于受到时间、空间的限制，无法做到全时段、全天候、全覆盖，影响了广告投放的传播效率，导致其收效远不及手机 App 等新媒体平台。

作为大众传播媒介，报纸、电视、广播等传统媒体更注重受众的普遍性，对于受众个性关照不够，这也导致投放的广告无法精准到达目标客户，同时，目标客户也难以在第一时间通过广告获知有关信息，并完成交易。

对于广告主来说，哪里有人，哪里就有流量；哪里有流量，哪里就有市场。因此，选择新媒体作为广告投放媒体乃是合情合理的。当广告主纷纷“用脚投票”时，传统媒体的市场份额进一步受到了挤压。如今，互联网广告经营发展已占了“半壁江山”，而报社纸媒广告则占比极低。

2．传统媒体和网络融合及其意义

（1）报网融合及其意义

随着移动互联网时代的到来，新闻的传播途径、形式发生了天翻地覆的变化，微博、微信等各种新型的媒体形式开始大规模普及。在新一代媒介技术陆续出现的背景下，传统报业的生存空间被大幅压缩，长期实施的“二次销售”模式已然落后于时代的发展，无法起到应有的作用。由于受众专一化、产品同质化，传统报媒未能在网络媒体的强烈冲击下幸免于难，不可避免地走向了衰败。2002—2005 年期间，在网络媒体的来势汹汹下，传统体育纸质媒体首当其冲，即便是社会影响力广泛的几家体育类报刊也相继停刊。

近年来，传统报媒尤其是区域性报纸休停刊的消息不绝于耳，纸媒衰落趋势更加明显，如《生活新报》《天天新报》等。从 2015 年开始，随着成本的不断攀升，越来越多的区域性报纸选择停刊自救，且这种趋势有增无减。2018 年，包括《北京文摘》《北京晨报》《生活周刊》和《安阳晚报》在内的 17 家纸媒宣告休停刊。

2020 年末，《德阳晚报》《内江晚报》《皖北晨刊》等报纸宣告休停刊。2022 年新年伊始，包括《洛阳商报》《河北科技报》和《贵阳晚报》在内的八家报纸发布公告称将从 2022 年 1 月 1 日开始休刊、停刊，不再出版纸质版报纸。

由于数字新闻无须付费，因此越来越多的报纸受众开始通过数字化终端来获取新闻。此外，报纸广告的市场占有率也持续降低。微博、微信、自媒体等各种各样的网络新媒体对于传统媒体的冲击愈发明显，吸引了大量原本属于传统媒体的消费者与广告商。

面对蓬勃发展的网络新媒体，报业集团将传统报媒与网络新媒体进行整合，以走出发展困境，增强自身的社会影响力，已成为必然趋势。越来越多的报业集团开始开发全媒体创新产品，扩展传播终端，改善传播形态，试图通过这种方式推动新旧媒介更好地融合发展。通过对媒介发展规律以及客观需求的分析可知，在未来进行媒介融合升级的过程中，全媒体化将会是必然趋势。

对于网络而言，通过与报纸的融合，可以突破两大媒体分立的限制，打破原来两大媒体纵向一体化的产业结构，寻求交叉产品、交叉平台以及收益共享的交叉产业，出现新兴融合产业结构，从而为两大媒体提供扩大规模，扩展业务的范围，开发新产品、新服务等方面的巨大商机，使资源重新组合，成为媒体经济新的增长点。

（2）广播电视和网络的融合及其意义

广播电视台有相对成熟和完善的节目采集、制作机制，有强大的节目制作团队，有丰富多样的原创节目资源，能够为广播电视台网站提供强大的内容支持。对于广播电视节目而言，网络为其提供了一个新的跑道，使其能够多渠道播出，并在全新的传播平台上扩大广播电视节目和广播电视台的影响力。因此广播电视与网络的互动融合使两种基于不同平台的媒介能够形成协同效应，资源共享，优势互补，优化功能并扩大彼此的影响力，真正实现双赢。

此外，对于传统广播电视媒体而言，与网络的融合一方面是为了应对新媒体的挑战，另一方面也在互联网传播领域有了自己的立足之地和发展空间。广播电视与网络融合有利于优化传统电视媒体的功能。广播电视媒体可以借助网络平台加强节目与观众的互动，拓展新的节目形式。

（二）传统互联网和移动互联网的融合

移动互联网产业融合主要体现在网络的融合、终端的融合、应用与内容的融合三个方面。网络融合是电信网和互联网融合的基础，终端的融合是电信网和互联网融合的保障，移动网与互联网的深度融合，必将带来新一轮的业务融合和内容融合，这必然会催生出许多新的应用模式。

从业务上看，目前应用范围最广、发展速度最快的是音乐、游戏、视频、阅读和社区。各运营企业推出了手机游戏、手机电视、在线音乐等增值业务，并重点推进手机支付、应用商城、统一门户、即时通信、手机阅读、网上支付等业务，在用户群中渗透率很高。用户已经切实体验到移动互联网与固定互联网一样，给人们的生活、工作和娱乐等方面带来了深刻变革。目前，移动互联网的需求和传统互联网有趋同的趋势。

第三节　媒介融合的基本特征

我国目前已经进入媒介融合相对成熟的阶段，各级媒体的改革都取得了优秀的成效，通过分析现有成果的特征，能够更好地帮助我们将其应用于媒介融合改革过程。通过对现有媒介融合改革的分析，发现媒介融合具有以下几点特征。

一、技术主导性

媒介技术是直接推动信息传播的重要影响因素，对于媒介融合来说，技术主导了信息传播的媒介平台。在媒介融合的过程中，分为内容制作技术和内容分发技术的双重主导。内容制作技术体现在利用新型编辑技术在内容制作方面大幅提升制作速率、利用新型影像技术提升内容画面效果等。内容分发技术则注重于移动互联网客户端的开发、多媒体平台的应用等方面。以《人民日报》为例，2018年《人民日报》开发了AI创作平台，集成智能写作、智媒引擎、语音转写、数据魔方和视频搜索五大功能，为内容创作提供了技术便利。在分发渠道上，《人民日报》自行开发了手机客户端，扩大了移动互联网内容分发平台的影响力。

二、多媒体化

多媒体化则是指在媒介融合背景下，集合了各种媒体的传播特性，从而使融合媒体的传播方式、手段变得灵活多样。在融合了新媒体与传统媒体的双重优点之后，信息传播双方既可以通过文字的方式进行交流，同时也可以将文本、图片、动画、视频等多种媒介结合在一起，从而实现对信息的快速传达，内容呈现的方式逐渐变得多样化，传播的形式也更加先进。

多媒体化的传播特征，既可以进一步满足受众的需求，又有助于吸引受众的注意力，使得内容传播的范围进一步扩大。

三、动态性

媒介融合是当今多种媒体发展的一种独特形式，其实质是一个综合多种媒体进行逐步扩展、逐步深化的动态发展过程。传统媒介和新兴媒介的融合发展趋势是由外部向内部延伸，由表面到内里深入，而两者的融合发展则是以现代科学技术手段为基础。基于技术的整合，媒介融合下的内容整合也出现了动态的变化，从最初的简单复制，到后来的不断创新，再到内容的再生产，不断发展深化，传播的形式也从一开始的文字传输逐步发展为图像、文字、声音等相结合的传输。此外，内容创新和多样化传播形式的需求又反过来对技术提出了更高的要求，这样不断循环往复，媒介融合也将逐步朝着多层次、全方位的方向深入发展，实现“互学互鉴”“取长补短”，突出媒介融合的优势，增强媒介融合的活力。

四、信息互动性

信息的互动性是互联网媒体相较于传统媒体的优势之一，也是媒介融合的基本特征之一。以往传统媒体大多属于单向传播，由信息的传播者通过电视、广播、报刊单向传播至受传者，受传者想要对传播者进行信息反馈，那么就必须通过书信、电话等渠道，且这种渠道具有过长的延迟。互联网可以说不存在空间和时间上的延迟，在大多数互联网媒体平台中，都有即时反馈的评论区。另外，新媒体的强互动性也是传统媒体无法比拟的，作者可以通过受众的即时反馈，随时调整其内容方向、作品形式，也可通过评论互动及时与受众沟通，大大增强了受众对信息获取的认同感和对媒体的亲切度。

在媒介融合时期，互联网媒体应用得愈加广泛，同时传统媒体也在逐渐实现与新媒体的融合发展，因此信息互动性的特征愈加明显。

五、内容的个性化分发

进入媒介融合时期后，相较于传统媒体，新媒体的受众规模扩大，但受众群体的划分也更加明确，这就需要进行更加精准的内容分发以满足不同平台甚至同平台不同类型的受众需求。媒介融合的核心之一就在于的内容分发模式，通过“中央厨房”对信息进行整理后，内容通过多个分发渠道被打包发表在不同的媒介平台。同时针对不同的受众平台、不同的用户画像，采用大数据算法，即可实现同一内容多种形式的发布，也能基于不同用户需求，个性化地发布其感兴趣的内容。

六、资源整合与精细分工

对于媒介融合的分工，整个传媒业的机构需要在一个新的层次上进行融合、重组，每一个小机构都是大机构中的一分子，完成自己所擅长的某一个“部件”或某一环节。在媒介融合的过程中，生产资源必定要实现精细化的分工，而精细化分工的前提便是资源的整合。

传统媒体在面对信息资源时，可能出现不同传播渠道的人都对同一个信息资源进行采集的现象，这样便造成了人力物力的浪费。而进入媒介融合时代后，传播渠道增加，对于后期信息加工的需求大于传统媒体时期仅需要加工广播、电视和报刊的需求，那么对于信息资源的整合就显得更加必要。“中央厨房”便是信息整合的典型解决方案，同一条信息可以通过“中央厨房”初步加工，再分发至各个媒介渠道，针对渠道特点进行进一步加工，这样就可大大增加信息分发的效率。

第四节　媒介融合带来的传媒发展变革

一、报纸媒体的发展与变革

随着新媒体时代到来，推进传统媒体实施媒介融合已经成为大势所趋。技术的变革与商业化新媒体的迅速发展不断挤压着传统报纸媒体的生存空间，传统报纸媒体的信息垄断优势荡然无存；无论是从国家战略还是媒体自身生存角度来看，推进媒介融合背景下的报纸媒体发展与变革都成了必然趋势。

第一，以技术提升用户体验。5G、人工智能、VR 等新兴技术的到来不仅改变了人们的日常生活，也为媒体行业带来了天翻地覆的变化，经过技术加持，信息的传播打破了时间与空间的限制，媒体与受众之间的互动产生了更多可能性，尤其是对于地市级媒体而言，更是有了新的渠道为受众提供全面的服务。因此对于新兴技术的应用，媒体行业可以迟到，但绝不能缺席。作为地市级报纸媒体，对技术的应用方向应该专注于两个目标：一是提升用户体验，二是强化服务功能。

提升用户体验主要分为两个部分：一方面是提升用户的阅读体验，也就是丰富新闻内容，制作符合用户阅读习惯的短视频新闻；开设更多直播活动；对于一些重大新闻的专题报道可以运用 VR 技术，再加以丰富的数据内容，全方位还原新闻现场。另一方面则是提升用户的使用体验，主要是指自主开发的手机客户端，以互联网的思维运营新媒体产品，不但要重视内容，产品本身的易用性也十分重要，一款优秀的移动端产品从外观设计到页面交互都要做到一丝不苟，这需要由专业的团队负责产品设计与开发。

要从零到一凭借自身力量制作出一款成熟的软件实属不易，而目前市面上其实有许多优秀的同类产品可以拿来模仿借鉴，如“正观新闻”App 的制作与开发就借用了“澎湃新闻”技术团队的力量，但是过于依赖外部力量也造成了“正观新闻”模仿痕迹过重，难以让用户眼前一亮的问题，因此应该要求技术团队在产品开发的过程中既要实现产品外观的独特性，又要兼顾产品的易用性。

第二，完善人才团队建设。新媒体时代的到来给媒体从业人员带来了新的挑战，在推进媒介融合的实践中传统媒体需要从吸引人才、培养人才、保留人才等多个方面下功夫，总的来讲，推进人才团队的建设需要拓宽需求人才类型，明确人才培养方向，为员工提供更好的工作环境。

互联网新媒体平台业务的拓展使得报媒市场不仅需要采编人才，还需要专业的新媒体运营团队与技术团队，微博、抖音等新媒体平台的运营需要遵循一定的互联网运营逻辑，而不是简单的内容搬运。互联网时代是信息量暴增的时代，内容生产可谓是“酒香也怕巷子深”，专业的运营团队可以更好地保证品牌账号在各类新媒体平台中得到长远发展。而手机客户端等产品则需要专业的技术团队提供开发、设计、运维等多方面的支持，这意味着需要更多元化的人才来支持新媒体业务的发展。

关于报纸行业人才培养方面，应着力培养“全媒体”型报业人才，集采、编、拍、运营于一体，然而“全”往往意味着“不精”，过多的要求不但增加了采编人员的工作压力，对媒介融合实践也没有产生太大作用。因此人才培养的战略应该更注重“精”，将工作中的各流程明确拆分开来，并根据需求培养专职工作人员，通过部门间的融合加强组织内各部门的联系，既强调分工，又强调合作，实现“一加一大于二”的效果。另外，在人才培养工作中还可以选择与学界合作，形成学界与业界的联动。

由于种种客观原因，近年来传统媒体行业人才流失现象严重，因此如何留住人才也是推进报纸行业人才队伍建设过程中的一个重要问题。首先，媒介融合推进速度的加快会使许多老员工难以适应，因此需要企业在待遇方面能为员工争取更多利益，如年终福利、假期等多种奖励，从根本上减轻员工的工作压力；职业发展前景方面也需要企业能在工作之余为员工提供更多学习提升的机会；打破在编与不在编的限制，杜绝同工不同酬、同岗不同责等不公平现象，也能提升员工在企业中的安全感。

第三，强化全方位互动环节。强互动是新媒体的重要特征之一，从视频弹幕到直播平台兴起，用户越来越多地参与到信息传播的各个环节，在互联网时代，某些情况下用户对于事件的了解程度可能比媒体更深，用户生产的内容可能会比新闻本身更有趣，当传统媒体丧失了信息的绝对垄断权时，应该考虑的是如何强化互动，通过激励用户发送弹幕、评论来丰富媒体生产的内容。因此，微信、微博等平台的运营工作人员需要鼓励用户评论，筛选优质评论，与评论互动，以此提升用户参与度。另外，还可以考虑给予用户更进一步的选择权，如视频与直播的选题通过发起投票的方式由用户做出决定。

毫无疑问，不同媒体之间的互动有助于互相宣传，进一步扩大粉丝规模，可以考虑多与周边其他城市的媒体进行互动，在策划与某地相关的专题报道时，应该做到事先与当地媒体沟通，通过新媒体平台预热，并实现双方联合同时进行报道。与外地知名媒体也需要尽可能增加互动。

二、广播媒体的发展与变革

随着技术的发展和进步，媒介融合在数字技术和网络技术的推动下呈现出一种内容、终端、组织相互交融的过程。传统广播媒体作为正在“边缘化”的媒介，其本身作为声音媒介的优势正在不断地被消解。因此，在媒介融合过程中，传统广播不仅要直面自身相较于其他媒介的弱点，洞悉市场以及不断变化的受众需求，更要将自身特点与新媒体发展趋势相结合，由此迎来了发展与变革时期。媒介融合背景下广播媒体的发展与变革主要体现在以下几方面。

第一，加强与受众的交流互动。新媒体的互动性比较强，大众利用新媒体能够实现即时交流和无障碍沟通。在媒介快速融合的大环境下，广播媒体需要主动打造新渠道，以QQ、微信和微博为核心，积极推行互动板块，实现与受众的有效交流和互动，扩大新闻传播范围。工作人员还可以主动利用各种短视频传播新闻，加入短视频平台，拓展新闻传播渠道，保证按时更新视频，并采取现场直播的形式实现与受众之间的即时互动，提升互动质量。

第二，积极推动技术创新，主要包括以下几方面的内容。

其一，建立健全5G智慧电台，再造生产流程。5G技术的不断发展也推动了传媒行业的业态变化，在《中国视听新媒体技术应用创新发展报告（2020）》中显示，5G技术在视听媒体中主要以布局超高清视频为重点，中国移动与中央广播电视总台密切合作，预计在未来建成“5G + 4K”以及“5G + 8K”超高清直播系统，在总台举办的大型融媒体直播《走村直播看脱贫》中，中国移动作为独家网络合作方，运用5G技术赋能媒体直播活动。此外，中国联通利用自主研发的新直播平台，在2019年以后相继完成了火神山、雷神山建设的24小时直播，还开展了“云上课堂”“宅家游景区”等大型直播活动，赋予先进的技术以温度，给群众带来了不同体验。

5G技术在视频领域的运用已经较为广泛，但在传统广播媒体中的运用却一度落后。地方广电应瞄准机遇，在全国推行“智慧广电”之际，联通传统媒体、科技企业、传媒机构等力量，合力推出5G智慧电台。5G智慧电台基于5G传输系统、AI智能技术，将智能化的广播播出系统、高带宽低延时的传输通路与高品质的音频内容产品结合，在技术不断升级的背景下，一套24小时节目只需要5分钟就可生成，节目内容囊括新闻时事、热点资讯、天气、路况等，还能够自动播报。其具体操作流程是：首先，运用内容采集系统，进行新闻资讯、音乐节目、全国路况信息的采集；其次，根据NLP技术，对文本进行智能化分析，为每条文本标注一系列属性，再进行重复度、地区属性、核心标签等相关内容的分析，并去除不合规内容，此后便运用AI智能主播语音合成系统对内容进行音频化处理，再对内容进行审核，然后便可以利用智能编排系统进行内容分发。

5G智慧电台的主要亮点在“5G +”的模式，一是“5G + AI”，5G智慧电台采用国内领先的语音合成技术，经过长达半年机器训练形成特有的虚拟主播，不断优化听感，使节目播报达到播出级水平。在传统广播电台运营中至少需要7～9名工作人员进行工作，而使用5G智慧电台仅需要1～2名工作人员负责监督、审核，大大减少了简单重复的工作量，让人员更为优化、高效，同时也降低了人力成本。此外，实现电台的智能化与无人化意味着保障内容的及时性，这样能够将更多的时间与资金放在深度内容的生产上面。二是“5G＋云计算”、“5G＋大数据”，5G智慧电台具有自主知识产权的数据中心，其算法经过多次、长时间运用，已证明可靠。目前核心算法为内容推荐算法、歌曲智能寻点算法、播单智能匹配算法等。内容推荐算法可实现不同属性内容与不同用户之间的配对，根据听众的收听习惯与喜好进行内容分发，能够提高听众的体验与黏性。歌曲智能寻点与播单智能匹配算法为电台运行机制中的大量人工处理工作提供了智能化解决方案，既减少了人力成本又快速有效地实现了内容生产与节目编排。三是“5G＋内容”，5G智慧平台作为地方广电的创新平台，在内容上整合了各类广电节目内容资源，并且从技术上可实现全国广电节目的接入，形成了5G智慧电台广电类节目内容中心，利用其IP内容资源进一步打开市场。

除此之外，5G智慧电台的最大亮点在于其在县级融媒体中发挥的作用，据2020年6月的数据显示，5G智慧电台已经在湖南省内17个县市进行商用，在全国188个县市公开演示，具备了面向2 800个县级区域的新闻制播能力，平均每天调用5G智慧电台生产新闻资讯13 000余次。5G智慧电台能够提升县级融媒体的内容生产能力，解决专业人员不足的问题，提高传播力。2021年7月17日以来，河南多地遭遇极端强降雨，部分地区受灾严重，造成重大损失。地方广播电视台携手央广网中的各分网5G智慧电台，在河南灾情严重区域免费提供智慧广播升级服务，以助推县级广播电台公共服务能力提升、应急广播体系预警能力提升，做好灾情安全宣传及灾后重建工作。可以说5G智慧电台借助科技减少了人员重复工作量和数字资源浪费，降低了广播内容生产和运营成本，提高了广播节目生产质量。

其二，放眼未来发展，瞄准智媒体转型。2020年初，国家发改委等多部门联合印发的《关于促进消费扩容提质加快形成强大国内市场的实施意见》中提出要加快发展可穿戴设备等新型信息产品，鼓励各类电子产品智能化升级。要大力推进“智慧广电”的建设。

在大数据、云计算、虚拟现实、人机交互技术的不断发展中，有学者认为“融媒体”只是一个过渡，在未来，媒体格局将是融媒体向智媒体进行转型。顾名思义，智媒体就是充满“智力”“智慧”的媒体，借助技术将整个新闻的生产流程、分发方式等进行智能化处理，能够提高媒体的生产传播效率，同时也能不断拓展传播场景，让人们更容易地接触到媒介。

建立健全“听说”联合实验室和“据说”联合实验室，协同多方科技实力不断升级虚拟主播的语音系统，这一系统也将为5G智慧电台铺设基础。除此之外，伴随着智媒体转型思路的发展，广播电台还应继续探索多种智能化产品，如智能音箱等，在未来，也可以通过与企业、高校合作，借力智能音箱的信息化水平，将音频资源进行数字化处理，打造智能音箱的升级运用，不仅能够保留广播媒体的音频资源，而且能够拓展广播媒体的辐射范围。

第三，转变传统广播模式。新媒体之所以能有广阔的发展空间，很大程度上是因为它扩大了受众获取信息的渠道，弥补了传统媒体的不足，因而在媒体市场上占据更多的份额。在媒介融合的大背景下，传统广播和新媒体在获得原始资源和与受众互动上具有各自明显的优势，并且新媒体在信息传播方面具有时效性，因而为了推进二者的深度融合，广播媒体必须摒弃传统模式，汲取新媒体的优点，运用新媒体技术，二者共同努力，既能实现对新闻信息的收集，又能有效地组织和传播信息资源。例如，上海广播电台通过整合资源、整体转型，将13个电台频道合并成为“东方电台”，并研制阿基米德音频技术，利用原有的频率资源和人才优势，为新的网络传媒制作节目。作为一种广播传媒平台，引进了90多个国家广播电台进驻这个平台，在移动端可以收听，跨越了地域限制，促进了传统广播媒体的转型发展。

第四，提高人力资源管理能力。首先，广播电台必须转变人力资源管理的观念，通过在媒介融合背景下吸收先进的知识和技术来帮助自身实现更好的发展。人才是目前传统媒体行业重新焕发生机所必备的要素，因此广播电台要将媒介融合的观念融入人力资源管理当中，使用先进的管理思路和管理理念来进行相关人事工作的改进，对招聘、培训、考核等环节进行相应的优化和完善，进而实现人力资源管理能力和水平的提高。

其次，媒介融合背景之下的广播电台必须变更目前现有的考核标准和指标，使得考核体系与电台的发展战略和发展目标相一致，将指标划分为态度、能力、业绩等不同方面，然后在这几个指标下面再进行细分，根据不同部门和不同岗位的需求制订出二级和三级的考核指标，实行差异化的绩效管理。

最后，广播电台应重视培养与挖掘复合型人才。在媒介融合的今天，只有具有多种素养的人才才能够脱颖而出。

①深刻理解媒介融合，加入专业化人才。在媒介融合的背景下，传统广播行业人员的脑海中已经形成了自我关于媒介融合的认知，并且在实际的工作当中也在不断地进行创新与实验，但是当面对受众与市场的考验的时候也会天然地带有一种“不自信”，甚至会出现认为自身是新媒体的“旁观者”的想法，这种难以融入的感觉是需要在媒介融合过程当中进一步解决的。

为了使相关人员在媒介融合过程中能够更好地、积极地面对市场，除了加强培训，引入专业性、技术型人才也是一大途径。正如广电总局在2020年发布的《全国广播电视和网络视听行业领军人才工程、青年创新人才工程推荐选拔工作的通知》中强调的，在人才选拔上要注重推荐适应新时代广播电视和网络视听行业高质量创新性发展所需的重点领域“高精尖缺”人才，加大对广电5G方向的新科技人才、网络视听新传播人才、网络文艺新创作人才、安全播出新保障人才、网络安全新技术人才、媒介融合新运营人才的选拔推荐力度，特别是伴随着5G时代的来临，就需要更多精通计算机、大数据的人才，除此之外，随着人们产品意识的不断加强，需要挖掘设计、推广与营销方面的人才。地方广播电台目前的人员引进也集中在高新技术人才以及营销人才上，力图以专业的技术团队配合成形的优质内容团队，辅以优秀的市场运营团队，不断壮大并稳定自身实力。

②职能多变，培养复合型人才。随着媒介融合的不断发展，“尝试”便成了关键词，部门的改动以及人员的流动也成了老生常谈。在单一岗位的长时间坚守固然能够加强对本岗位的理解以及工作的效率，但在媒体融合背景下，培养多元化的复合型人才似乎更能够实现岗位的优化。

岗位的不固定也成为培养全能人才的试金石，因此在多岗位的磨炼下，能写的编辑变成能制作的编导，能制作的编导又成为能参与商业运作的市场部成员，这样不仅能提升个人能力，同时也能让大家在进行内容创作时思考市场价值，在市场价值实现的同时也不忘内容的质量把控，将内容与市场有机结合起来。

③一专多能的全媒主持人培养。在传统广播时代，主播需要在直播前与编辑

配合共同策划节目，在节目进行时需要与导播配合保障直播的顺利进行。而在新媒体时代，主持人的媒介接触更加方便，因此在广播节目制作中，应不断削弱编辑的作用，让主播更多地来承担起编辑的职责，在节目开始前策划节目主题、搜集节目内容、寻找音乐以及收集听众的来信等；在节目进行时需要主持人与导播配合，同时控制调音台多台电脑的操作和转换，接听热线电话，关注社交媒体平台与观众进行互动，并在节目后积极听取听众的反馈。这样一方面能节省人力成本，另一方面也能让主播不断提高自身能力。除了基本的节目制作与操作，电台主持人还要增强多领域交流能力，特别是在一些互动和访谈类的电台节目中，还需要电台主持人有着丰富的知识储备，在政治、经济、人文、社会多个领域都有所涉猎，这就需要主持人长时间地不断积累，不断地总结经验，学习新知识和新技能，促进个人内在修养的提高，增强听众的认可度。

此外，在新媒体时代，电台主持人也要学会抓住机遇，运用新媒体手段积极地推销自己，通过新媒体平台拍摄短视频，一方面能够提升自己的影响力，另一方面也能够提升全台的影响力。

第五，加强与融媒体集团的合作。在媒体融合背景下，许多广播媒体开始寻求新的突破，加强与融媒体集团之间的合作和互动，逐步扩大自身的发展规模，提高自身的社会影响力。广播媒体与融媒体集团签署战略合作协议，建立长效合作关系，能够实现多领域的有效融合，逐步完善合作框架和合作体系，在深度合作的过程中实现互利共赢。另外，地方政府也要给予这一部分媒体产业更多的支持和帮助，更好地解决资金难题和技术难题，实现资源的优化利用和共享。

第六，顺应媒介融合趋势，优化传播格局。媒介融合从广义上说就是包括一切媒介及其有关要素的结合、汇聚甚至融合，不仅包括媒介形态的融合，还包括媒介功能、传播手段、所有权、组织结构等要素的融合。因此，广播媒体可以与各类新媒体进行科学融合，利用媒介融合平台和技术，有效构建共建共享的一体化传播模式，在协同共赢中提高自身的传播力。在与新媒体融合的过程中，广播媒体需要明确相应的战略目标，确定与新媒体进行融合的方式和理念，积极打造线上线下一体化的媒介融合模式，以此来创新广播媒体的传播方式、传播内容、传播途径和采编方式，具体分析如下。

其一，传播方式的创新。表现为改进了传统的线性传播方式，改变了传统广播的单向传播方式，将传递方式可视化以及实现广播收听终端多元化。

首先，众所周知，传统广播的线性传播方式比较保守，必须按时间顺序收听。媒介融合彻底突破了这一局限，受众可以主动选择自己想听的节目。

其次，随着互联网的发展，打破了传统广播互动方式单一化的限制。例如，以前的热线互动方式发展到现在可以在广播上与节目主持人实时互动。这种互动方式为受众带来了自由、舒适的感觉。不仅如此，受众也成了传播者参与传播活动。

再次，传统广播是听觉传播，只具有可听功能。随着网络技术的发展，音视频结合的可视化广播成为热门。听觉传播存在着传递转瞬即逝、不能给人留下深刻印象的缺点。媒介融合打破了“只闻其声，不见其人”这一局限，为传统广播注入了新的活力。2019 年 5 月，“听见广播”App 发布上线，目前已与全国 24 个省的省市广播电台达成合作。可视化广播以其形象、生动的特点，成为越来越多年轻人的选择。

最后，媒介融合也会对传统广播的收听终端产生极大的影响，之前的传统广播仅仅局限于收音机播放，限制了媒体信息的传递，使得信息不能快速地、全方位地、多层次地传达给听众，因此实现广播收听终端多元化已是大势所趋，如现在市场上出现的手机、电脑、车载收音机等都成了信息传播的媒介，这样多元化的广播收听终端极大地丰富了人们的生活。

其二，传播内容的创新。随着社会的发展，人们的生活节奏随之变快，紧张的工作也使人们没有充足的时间了解来自社会各个方面的信息，在这种情况下，传统广播已经满足不了人们的日常需求，必须进行创新使人们在早餐、午休、赶路等空闲时间能够有选择地接受他们感兴趣的、需要的内容。例如，中央蒙古语广播在抖音平台发布的短视频内容正体现了这一创新特点，这种能够使用户利用碎片化时间收听精练简洁的内容的方式，使其在新媒体的竞争中立于不败之地。另外，之前人们收听广播是为了获得新闻、天气、交通等信息。随着科技的快速发展，这种状况逐渐改变，受众变得更加敏感，更喜欢关注热点问题。大数据技术具有智能化的特点，即定位接收每个用户经常浏览的内容，选择用户喜欢的内容发送。只要选择的内容符合用户的兴趣点，就会有更多的追随者，这种精准定位为广播内容的有效传播提供了有利条件。

其三，传播途径的创新。一方面可以从与社交平台合作以及与汽车品牌合作方面开展创新。微信、微博、短视频是时代的产物，也肩负着信息传播的巨大使命，如今许多广播电台为了获得更多的传播途径，开始与社交媒体进行合作。例如，注册微信、微博、微视频官方账号等，将文字、图片、视频、音频等多种形式结合起来进行信息传播，这种传播方式与原有的传播方式相比更加生动，具有可见性，能引起用户的注意。另一方面，媒介融合发展给车载广播带来了生机和未来，车载广播成为各电台竞争的主力军。各电台与各汽车品牌合作，安装车载广播 App，以扩大传播途径，吸引更多的用户。传统广播通过与社交媒体、汽车品牌合作等方式，不断拓宽传播途径，探索发展道路。

其四，采编方式的创新。互联网及各种技术的进步使广播新闻的实际采编过程发生了很大变化。如今，在采编程序、信息获取渠道以及编辑技术方面都有了创新。从采编程序来看，实现了新闻采编过程的网络化。在之前的传统媒体环境下，记者会预约采访对象进行现场采访和电话采访，相比之下，现在新媒体环境下的视频采访等渠道使采访过程更加便利快捷。从信息获取途径来看，在之前，采访者通常只能从书籍和文献中获取新闻素材；如今，网络环境为采访者提供了更多获取素材的途径，即通过微信、微博、微视频等社交媒体搜索新闻线索、新闻热点、采访对象。从编辑技术来看，采编网络化促进了编辑工作的创新，编辑工作从单纯文字编辑转变为适应新媒体环境的文字、图片、音视频相结合的编辑工作。

新媒体网络日新月异，推动着传统广播在传播方式、传播途径、传播内容以及采编方式等方面的创新，创新是这个社会的潮流趋势，顺应时代发展的潮流是传统媒体应该做的事情，这样才能在不断地更迭中经久不衰。

三、电视媒体的发展与变革

在网络信息化技术飞速发展的当下，传统广播电视的发展模式也在潜移默化地改变，传统电视媒体的地位正逐步被以微博、抖音等为代表的新媒体所取代。传统电视媒体应反思自身发展的不足，结合新媒体的优势与特点，打破固有思维，加强与新媒体的融合，进行转型改革和创新，以顺应时代发展的潮流，稳定电视媒体的市场地位，从而获得新的发展。在此背景下，电视媒体的发展与变革主要体现在以下几方面。

第一，扩展电视新闻内容。电视媒体要想在新时代的媒体市场中屹立不倒，就应坚持“稳中求变、循序渐进”的原则，优化电视新闻节目，增强核心竞争力。

其一是要保证节目各板块之间衔接得当，在报道新闻信息时，将新闻一篇篇“刷”过，以这种新颖的方式增强节目的节奏感。

其二是要使用“接地气”的语言，讲究语言押韵且通俗易懂，以优化节目效果。

其三是要丰富节目内容，在保障信息真实性的前提下，拓宽新闻的广度，满足受众的个性化需求。

第二，促进电视节目的优化传播，主要包括以下几方面的内容。

其一是整合渠道，推进媒介融合传播。传播渠道连接了传播主体和受众，作为传播内容的载体，对传播效果有着非常重要的影响。媒介融合时代，电视节目在整合传播渠道时，既要充分发挥电视媒体自身引流作用，又要整合报纸、广播资源和网络、社交媒体平台，更好地拓展传播受众接触面。

一是主流媒体引领。在新兴媒体爆发式发展的今天，传统媒体仍有自己的独特作用和重要地位。公众仍需要通过传统主流媒体获取更加真实有效的信息。电视节目的权威性、公信力，一方面体现在由政府主导和推进，另一方面体现在传统媒体内容生产的权威性。

以《问政山东》节目为例，要利用党委政府对电视问政的积极推动力量，在山东广播电视台各频道、广播电台、《大众日报》《齐鲁晚报》等传统媒体平台上，多时段多版面对《问政山东》节目进行报道宣传。节目开始前，密集开展宣传和预热，提高公众对该节目的知晓度。在每期节目播出后，对于电视问政的重要议题和曝光问题，电视媒体开展连续报道、调查和评论。

传统媒体在时政新闻报道方面具有独特优势，这是目前新媒体仍无法取代的。针对电视节目的热点和痛点，电视等传统媒体可以开展持续调查和深度报道，通过现场采访、第一手素材挖掘、连续追踪报道等方式，让受众对热点问题和整改进度进行全方位了解，带给人们感官和思维的冲击，打造热门话题，体现传统媒体在电视报道中的时效性和理性价值。

二是全媒体参与。对于电视、广播、报纸等传统媒体和互联网、移动端等新兴媒体平台，这一系列形态不同的媒体形式各具特色和优势，拥有不同的用户群体。电视节目应将其融为一体，将传统媒体内容生产、深度报道与新兴媒体碎片化、移动化传播相结合，使电视节目传播在广度、深度、热度上相结合。要积极利用各种形式的新媒体平台，开设和利用微博、微信公众号、短视频、移动客户端等账号，及时、高质量地进行更新，注重各平台间的联系和互动，打造新媒体传播矩阵。在新媒体平台上，电视媒体要更加注重精准性推送，采取精准关联的措施，以精准推送与分发，促进节目精准传播方面的发展。

除经营好官方网站和客户端、利用好社交媒体平台外，电视媒体还要扩大线下公共媒体传播渠道。作为公共性平台，可以利用车载电视、大楼墙体屏幕、户外广告牌等多种户外公共媒体提高电视节目曝光率。以《问政山东》节目为例，目前“网络问政”在老年群体中接受度不高，《问政山东》网络平台和节目现场以中青年群体为主。电视直播的同时，节目可以尝试增加公交车车载电视等公共区域节目投放，在老年人群体中扩大节目影响力，倾听老年群体的声音并传达其诉求，进一步扩大受众覆盖面。把线下活动作为有益的补充，积极推动公众身临其境地感受电视节目播出取得的成效。新闻时政话题的敏感性，使得线下活动的开展带有一定困难，但是仍有可供借鉴的经验。

其二，圈定用户，实现双向交互传播。传播受众是传播过程中信息的接收者，用户对于信息的接收程度，直接决定传播效果的好与坏。在如今的新媒体时代，传统电视媒体应当转变思想观念，将“观众”视作为“用户”，积极营造公共话语空间，意味着电视媒体在内容宣发的过程中，要重视对观众意见的收集，了解主要受众的真实需求，进而为电视媒体转型发展找准定位，对内容制作和推广高效把控。目前有许多电视媒体会在新媒体平台上与受众分享生活、运动、娱乐、时事等方面的内容，尽管此举能够吸引观众的关注，但实际上并未实现真正意义上的交互。所以，电视媒体要广泛圈定用户群体，精准定位活跃用户，并及时接受用户反馈，增强用户黏性。

一是圈定受众群体。受众群体是传播的出发点，也是归宿点。对于电视节目来说，开展舆论监督，需要社会各阶层的广泛参与，引发受众广泛的共鸣。

在媒介融合的背景下，“以用户为中心”成为盛行于世的媒体运作共识。以《问政山东》节目为例，作为一档紧贴民生诉求的电视节目，受众既是节目观看者，同时也是节目曝光的同类事件的当事人。《问政山东》节目的制作和传播，应更加重视用户“置身其中”的感受和“休戚相关”的利益诉求，把用户需求作为电视节目的追求，以此来延伸传播链、价值链。

随着信息技术的飞速发展、“大数据”时代的到来，用户的海量信息在使用网络时被收集和保存下来，为建立用户画像提供了有力的依据。电视媒体可以通过对电视客户端、微信、微博、抖音等平台的用户进行分析，建立起包含姓名、性别等基本属性在内的静态数据库和包含浏览记录、使用习惯等信息在内的动态数据库，精准分析用户特性，建立用户画像，搜集用户行为偏好，预测用户需求。通过加强电视节目客户端技术建设，并与各类流量平台开展全方位合作，针对不同类型的用户精准推送信息，充分满足受众需求，促进关注电视节目的群体转化为更为精准、黏度更高的“粉丝”。

二是注重用户反馈。媒介融合时代，传播方式由单向性转变为交互性，媒体传播改变了单向传播模式，实现了与受众的互动。用户既是电视节目的“受传者”同时也是“传播者”。将用户需求转变为节目诉求，将用户思维融入电视节目策划、制作和传播全过程，是电视媒体实现融合转型的基础和前提。

在建设自有平台的同时，要注重利用社交媒体，增强交互性。与自建客户端相比，微博、微信借助成熟的社交平台，运营成本较低，有利于传统媒体内容、人才、创意优势等发挥作用。例如，央视中文国际频道推出了融媒体新闻评论节目《中国舆论场》，在节目播出过程中，观众扫描电视屏幕二维码后，可以在微信端发表评论并与网友互动，还可以通过微信实时加入在线公众席，成为节目现场的参与者。电视节目可以通过微信、微博平台开通用户互动渠道，接收评论和意见，展开互动交流。

其三，守正创新，持续放大传播效果。传播效果是受众接收传播信息后的反应，体现在知识、情感、行为方面的变化。电视节目需要适应移动化、碎片化的传播趋势，以适度冲突性、戏剧性吸引受众关注。

一是输出正确的价值理念。在当前复杂的舆论形势下，党和政府推进电视媒体和新媒体深度融合，是为了打造新型广播电视主流媒体，以进一步壮大主流舆论。纠正过度娱乐化倾向，坚持守正创新，也正是党和政府在推进媒体深度融合过程中积极倡导的理念和一以贯之的举措。

电视台要坚持“政治家办台”，坚持社会效益优先，大力弘扬社会主义核心价值观，更加聚焦新时代火热生活，聚焦新时代奋斗者、劳动者，当好省级广电转型发展排头兵。这无疑为媒介融合时代如何打造新型主流媒体、怎样推出更加符合时代潮流的电视节目，树立了鲜明导向。

当前，电视节目的创新生产仍需以守正为根基，让主流价值观念驾驭技术和“算法”，方能使内容优势不断转化为传播优势。电视节目在不断地推陈出新过程中，也应当及时加以自省和反思，减少节目中的不必要的戏剧性冲突。要保持适度和谨慎的“娱乐”，拒绝过度狂欢，更好地发挥电视的政治价值和文化价值，避免将电视节目推向庸俗化和娱乐化。

二是保持传播热度。电视节目应当聚焦资源优势，加强传播的能量，打造品牌 IP。以《问政山东》节目为例，该节目开播以来形成了较大影响力，被誉为舆论监督的“山东现象”。紧紧围绕“问政山东”这个大 IP，重塑节目和内容形态，结合每期节目问政议题或公众关心的热点话题，通过移动端用户最熟悉的通俗语言和形式，对严肃话题进行二次加工和表达，推出短视频、表情包、AR 等产品，以紧跟热点、内容简洁、表达活泼等特点赢得用户的认可和喜爱。

具体建设路径可参考央视《新闻联播》衍生的节目《主播说联播》，在抖音平台上，“刚强点赞这个大学生：有预判，有行动，有担当，好样的”点赞量高达 755.1 万次，“《新闻联播》主播手里的稿子长啥样？康辉和欧阳夏丹为你揭秘”点赞量高达 646.4 万次，成为爆款传播产品。电视节目主持人也可以利用轻松、灵动的播报呈现方式，以通俗化、口语化的语态，碎片化的内容编辑和推送，实现竖屏、快节奏输出内容，既能引发用户情感上的共鸣，又可以达到“刷屏”的效果。

在一些短视频平台，可以将电视节目进行碎片化、拆包化处理，视频拆条后加以生动、俏皮、简明的文字进行再包装，实现更具张力的短视频传播，不断延伸节目话语空间，进而实现裂变传播。但需要注意的是，剪辑后跨屏传播的电视节目短视频内容，在以冲突性、戏剧性吸引流量的同时，大量脱离对话语境的短视频可能引起网民的负面解读与言论，必须认真对待短视频剪辑和编辑加工，避免引发舆情问题。

第三，转变传统运营观念，尝试媒体营利创新。对于我国地方级别的电视媒体来说，大多都承担着当地党和政府部门的宣传喉舌，立足于本地服务群众。大部分的电视媒体需要重视和把握当地现有的资源，应充分结合当地地方特色做好本地化节目。这种极具地方特色的节目可以让观众了解到当地的乡土风情。因此，将地方区域文化有计划地融入电视节目制作中，应该成为地市级电视台发展的战略性目标。

电视台在日常完成新闻宣传工作的同时，还应该利用本地新闻贴近民生的特色进行资源的整合和开创，强化节目的原创性和宣传文化主题。为本地用户提供多样、便利、个性的民生服务，进一步实现电视台的口碑全面建设。例如，在企业中举办广告精准投放和服务销售的活动。经过调查可以了解到，如今我国的新媒体企业可以通过高端的技术手段进行广告的精准投放，投放完成后还可以利用大数据技术等进行广告投放的效率回收，可以进一步进行分析和归纳处理。如果将传统电视媒体和网络媒体进行合理融合，就可以解决一些传统地市级电视媒体面临的同质化问题。具体来看就是可以依托于新媒体的平台和技术，进一步开创一些个性化的服务项目，进行分众化群体传播，投放精准的营销信息，为日后的广告服务销售规划奠定了基础。

近几年，新媒体、融媒体中心以及互联网集群的有关说法已经在学界和生活中深入人心，在节目中插入广告也是一种特殊的呈现方式。一个相对完整的广告营销流程需要在多屏的支撑下才能得以传播完成。在流程的终端紧连着消费者，在传播中就可以潜移默化地将受众转化成品牌的潜在用户，这是一种品牌价值的二次传播与扩充。深耕本地居民的用户价值，实现品牌效益最大化，把播出内容更好地转化为产品供给，内容和商业的关系既对立又统一，这才是传统电视媒体和新兴媒体之间的共赢之路。

以北京电视台的生活频道为例，作为致力于为北京本地居民提供服务的地面频道，生活频道完全将目光集中在本地资源和现有平台的优势，不断强化自身发展优势，放大品牌价值，打造出一种适合自身融媒体转型的产业模式，将生活频道从传统电视媒体转型成为具有流量和服务性质的全媒体平台。从单纯向观众提供电视内容的生产者角色转变为向城市人群提供生活服务的运营平台。

第四，强化人才素质培养，重构人才战略模式。首先，从人才招聘初期就要严格按照公平、公正、公开的原则进行，拒绝一切“空降”主义。在选拔人才时不要受到编制或者资历的局限，人才选拔标准要从一而终，不可任意修改。在选拔人才时要量化目标，定期开展考核和考试来对人才评级，必须具备相应的资格和条件才可以进入组织。组织内部的任何人事变动都要透明化，及时进行信息更新，每一次的职位变动都要获得大部分员工的认同，其背后的流程和操作也要透明公开，不能存在死角和黑箱操作。

人才培养要以岗位适配性为优先原则，设立不同的考核制度和考试题型，把岗位要求作为人才选拔的唯一标准。电视媒体内部的岗位形式大都不同，对能力的要求也不同，不同的考试制度可以帮助筛选人才，不能进行“大一统”宽泛的考试审核。例如，在电视媒体中，基础采编岗位就要以写作为考核标准，要着重审查人才的新闻写作能力，对基本新闻知识要进行考核，以笔试成绩为主，面试成绩为辅助参考；就管理岗位来说，要求有一定的媒体从业经验，一般在 3 到 5 年之内，着重考察其面试能力，在面试中采取无领导小组法、压力测试等，主张多吸纳高素质人才，有心理学、人力资源管理学的专业背景最好，主要参考面试成绩，入职前可以做一些心理测试和领导力测试等；高层管理人员最好有项目经验，采取面试的形式考察其对电视媒体行业未来发展布局的看法，要有运营不同部门的思维，能够正确处理好各个职能部门的关系等。在人才招聘中，不可避免会出现内部提升、空降或者外部任用的情况，要处理好三者之间的人员比例，才能获得员工的支持和信服，更好地推动团队协同发展。

传统电视媒体存在的一个问题就是信息壁垒高，应届毕业生难以进入传统电视媒体实习，更别说在求职类 App 上搜索到招募实习生的相关信息。人才招募的门槛的设定不应过高也不应该过低。岗位实际需求要始终排在第一位，不要因为学历而设置门槛。能力才是考核的第一要素，要主动包容人才短板和不足之处。以鼓励人才为主，为人才设置能最大限度地发挥能力的工作内容和任务，这样才能充分利用人才、留住人才。新媒体产业和传统电视媒体之间不仅竞争技术和受众流量，还要竞争背后运营和维护的人才。

对于电视台来说，应该设定符合现代市场经济要求的绩效考核标准和薪酬制度，对于掌握多技能的复合型人才更应该给予符合其能力的职位和薪酬回报。

第二章　传统媒体特征及生存业态

传播媒体或称“传媒”“媒体”或“媒介”，指传播信息的载体，即信息传播过程中从传播者到受传者之间携带和传递信息的一切形式的物质工具，包括书籍、报纸、杂志、通讯社、广播、电视、电影等。而我们通常所说的传统媒体主要是指在互联网产生之前，按出现先后顺序来划分的三大主要信息传播物质载体：第一媒体是报纸刊物，第二媒体是广播，第三媒体是电视。互联网则被称为第四媒体，移动网络被称为第五媒体，而这两种人们习惯将它们划入新媒体范畴。本章分为传统媒体及其运营特征、传统媒体的生存窘境分析两部分内容。

第一节　传统媒体及其运营特征

一、传统媒体的概念、特征及发展概况

（一）传统媒体及相关概念界定

传统媒体是以传播形态为划分依据，与互联网这一新传播介质相对的传统传播形态，如报纸、广播、电视等。在新闻传播学界，“传统媒体”“主流媒体”或“传统主流媒体”经常混用，体现在一些文献中是不证自明、默认的概念。“传统媒体”与“主流媒体”的含义在互联网诞生之前高度重合，而随着互联网的发展与互联网商业媒体的崛起与壮大，主流媒体的含义越来越具有争议性，与传统媒体的所指出现了差异。

传统媒体主要以传播形态划分，根据传播介质出现的先后顺序，新出现的传播介质为新媒体，与之相对的便是传统媒体。而对于主流媒体的含义，则存在较大的争议。一是可以从受众的覆盖面和媒体自身影响力出发对主流媒体进行定义，如主流媒体是指对城市化进程有着重大影响的大众传播媒体，如广播、电视、电

影、报纸、刊物、书籍等，尤指广播、电视、报纸、刊物，同时也包含了新媒体，特别是网络媒体。二是出于传统媒体在面对互联网的冲击下对自身影响力与话语权的捍卫。例如，2004 年新华社“舆论引导有效性和影响力”课题组在中国现实语境下对主流媒体提出的六条标准。

对于主流媒体的界定，分歧主要来自界定标准的不同，总结起来无外乎有两种：一是意识形态的主流，即代表人民的利益，传播主流价值观；二是影响力的主流，即需要覆盖足够多的受众人群，并起到一定议程设置与舆论引导的效用。

在互联网诞生之前，中国现实语境下的传统媒体与主流媒体的含义几乎重合。以新华社、中央电视台和《人民日报》等为代表的传统媒体几乎垄断了传统传播渠道，是人民群众接收、获取信息的主要途径，牢牢把握着舆论话语权；同时，它们也是党和人民的“喉舌”，代表党和人民发声，代表最广大人民群众的利益，传播主流价值观。这也契合了主流媒体应发挥意识形态方面的价值导向作用，使主流人群关注社会发展的主要问题这一观点。

在传统媒体时期，传统媒体影响力强、代表主流人群也就是从人民的立场出发，进行主流意识形态价值引领、议程设置、舆论引导。同时，传统媒体在互联网时代到来后，进行融合转型，发展出基于互联网与移动端的新闻网站、“三微一端”（微博、微信、微视频和客户端）等新媒体形式，主流媒体的含义被延伸，传统媒体与主流媒体两者的概念已然出现差异。

综上所述，虽然学界对于“传统媒体”“主流媒体”和“传统主流媒体”经常混用，但这里明确是以“传统媒体”为主要研究对象的。一方面，主流媒体的含义存在一定的争议，传统媒体的影响力被互联网商业媒体逐渐消解，同时互联网商业媒体也不断通过与传统媒体的合作融合力求“主流化”；另一方面，传统媒体或被迫或主动地向新媒体转型，妊娠出以新闻网、“三微一端”为代表的新媒体矩阵。传统媒体作为媒体融合的主体，虽然通过融合转型发展出新型媒体，但从影响力与技术能动性上看，其融合之路远未结束。

（二）传统媒体的主要特征

1. 原创性

原创性是新闻吸引受众的重要基础，只有实地调查了解，才能将最客观的信息第一时间传播给受众。传统媒体拥有专业的采编团队，可以以专业化的视角调查了解新闻涉及的人和事件，确保所生产的新闻内容的原创性。与之相比，新媒体大多只能借助传统媒体的报道或者通过网络途径收集新闻信息进行转编，导致生产出来的一些内容缺乏客观性和真实性。

2. 真实性

随着互联网技术的快速发展，各类信息技术层出不穷，通过移动互联网终端（智能手机、平板电脑等），人们可以随时发布各类文字、音频、视频和照片，但这也带来了信息真实性得不到保证的问题。例如，人们可能在信息中加入自己的主观理解，从而混淆事件的真实内容，给受众带来误导。

与新媒体相比，真实性和权威性是传统媒体最显著的优势，传统媒体所报道的内容须经过周密的现场取证、严谨的内容生产、严格的内容审核等环节才能发布，从而保证了所报道信息的真实性和权威性。

3. 可信性

通常，传统媒体都会有严密的机构以及组织，而且管理的方案以及机制也极为严格。传统媒体在信息的采集、编辑、审核乃至最终的发布过程中，都具有非常严谨的管理制度以及相关规定，从而能够更好地保证信息具有较高的时效性、真实性，而且通过上述程序能够有效减少虚假信息的产生以及传播。基于此，可以看出传统媒体具有较高的可信度。

（三）传统媒体的发展历程

社会主义性质的新闻事业在 1949 年新中国成立后迅速建立，此后中国新闻事业迎来了高速发展的阶段。从新中国成立到 20 世纪 90 年代互联网在中国兴起之前，传统媒体处于发展的黄金时期，与中国的社会主义改造、建设等社会发展阶段相适应，经历了初创建立阶段、超前与曲折发展阶段与改革开放后的繁荣阶段。

新中国成立后到 1956 年社会主义改造完成之前，中国新闻事业处于初创建立阶段。在这一阶段，以北京为中心由全国各地媒体连接成的社会主义公营新闻事业网，由公营报刊网络、国家通信网络和人民广播电台网络组成。最先成立的是报刊网络，以《人民日报》为中心与代表。作为中共中央机关报的《人民日报》是中国第一大报，还兼顾海外发行业务。同时，公共组织与政府职能部门也成立了自己的报刊，由此组成了全国性的报刊网。

中央人民广播电台和各省级广播电台组成了人民广播电台网络。中央人民广播电台的前身是北京新华广播电台，新中国成立后改称中央人民广播电台，同时兼顾少数民族广播、对台广播等业务，与各省级广播电台一起组成了广播电台网，有线广播收音网也在农村地区建立。国家通信网络则以新华社为中心。新华社成立于1950年，总社位于北京。除了新华社，中国新闻社于1952年成立，其主要受众是港澳台同胞、海外华侨和外籍华人。由报刊、广播组成的新闻传播网络在社会主义改造过程中发挥了重要作用。

1956年，中国从社会主义改造阶段顺利进入全面建设社会主义时期，我国新闻事业也进入超前与曲折发展阶段。1956年，我国进行了第一次社会主义新闻工作改革。《人民日报》作为国内报刊的“领头羊”率先改革，进行了扩大报道范围、开展自由讨论和改进文风的改版工作，并将改革经验推广到全国。经过改革后，新中国成立初期形成的报刊网得到进一步发展，报刊及其发行量大增。

1958年，全国邮发报纸总数增至1 776种，年总印数增至39亿份，并发展了晚报作为日报的辅助与补充力量。同时，我国电视事业也随着1958年中央电视台前身——北京电视台的试播进入起步阶段。至1971年，除了北京和西藏，全国电视台发展到32座，其中中央级1座、省级26座、省辖市级4座。

1973年，彩色电视节目率先在北京、上海、天津三地进行尝试播出。在这一阶段，广播事业经过改革，新闻节目的数量、质量、时效性均有所提升，如中央人民广播电台的新闻节目从1949年的每天4次增加到15次。1957年，广播事业实行中央和地方并举方针，一批中等城市的人民广播电台纷纷创建。1960年，全国广播电台增至135座。

改革开放为我国社会主义建设与社会经济发展注入了强劲活力，新闻事业也进入高速发展的繁荣期。报刊方面，各类型报纸全面发展，党报也进入创新发展时期。20世纪80年代中后期，党报纷纷增版，如《人民日报》从1986年开始，前四个版面刊登各种新闻，后四版为专刊，刊登各种知识。《人民日报》同时还创办了海外版，以实现对外传播的使命，成为我国兼顾国内外的综合性大报。

1981年6月，主要受众为外籍人士的全国首张全英文日报《中国日报》在北京正式创刊。除此之外，各省市报纸纷纷开办晚报，形成了“日报＋晚报”的格局，中国报业由此进入快速发展时期。

同时，广播电视事业也进入蓬勃发展期。1979—1994 年近 15 年成为中国广播电影电视事业逐步走向繁荣的黄金时期。1983 年 3 月，第十一次全国广播电视工作会议提出了四级办广播电视的方针。在该政策方针的推动下，省辖市、县都可根据当地实际情况创办广播、电视台，极大地促进了中国广播电视事业的繁荣，但从另一方面看，这也使我国广播电视台出现低质重复的现象。至 1993 年底，我国已有无线广播电台 987 座，无线电视台 685 座；有线广播站 2 000 多个，入户喇叭 8 000 多万只；有线电视台 500 座，入户终端达 1500 多万户。广播电视节目制作与播出条件也得到显著改善。这一阶段，新闻事业迅猛发展，影响力不断增大，并在对外宣传与交流工作中发挥了重要作用。

20 世纪 90 年代，随着计算机与网络技术的发展，新闻传播媒体日趋多元化。1994 年 4 月 20 日，我国实现与互联网的全功能接入；传统媒体随之开始探索具有互联网优势的媒体融合之路。

在互联网成为“第四媒体”之初，传统媒体嗅觉敏锐，纷纷开发自己的网络媒体，并由此开启传统媒体向新媒体转型的融合发展之路。1997 年，《人民日报》（网络版）进入国际互联网，并开设 BBS“强国论坛”，实现了网络的交互性。传统媒体追随互联网技术发展与媒体形态革新的路径，建设了新闻网站、“三微一端”等丰富的新媒体形式，在互联网上建立起自己的新媒体矩阵。

随着互联网商业媒体的出现以及新传播平台及渠道的不断发展，传统媒体的“唯一性”地位受到挑战，互联网技术颠覆了泾渭分明的传受关系，形成了从被动的受众到主动发声的用户群体的转变，信息传播“去中心化”。

由于受体制、机制和思维等多方面的限制，传统媒体改革面临诸多难题，受众流失、舆论引导能力下降、营利模式僵化等问题亟待解决，传统媒体发展进入阵痛期。为解决融合转型之路上遇到的种种困难，传统媒体与不断发展壮大的互联网商业媒体进行了各方面的合作与融合，在积极建设自主新媒体平台的同时，呈现出双向融合的态势。

二、传统媒体主要类别及其运营特征

传统媒体在漫长的发展过程中积累了丰富的运营经验，它们均有信息供应者的独家优势、专业化的新闻队伍、长期形成的品牌、广阔的信息渠道、规范的运作规律等，这些长期形成的特色决定了它们不会在新兴网络媒体的冲击和竞争下迅速瓦解，而是以各自不同的变革形式，与新兴网络媒体共存于同一平台之上。

（一）印刷媒介：报纸

1. 报纸的概念及特征

报纸，顾名思义就是以刊登新闻为主的面向大众发行的定期出版物。1990 年 12 月颁布的《报纸管理暂行规定》中对报纸界定了更为详细、严格的概念：本规定所称报纸，是指有固定名称、刊期、开版，以新闻报道为主要内容，每周至少出版一期的散页连续出版物。

作为最早出现的媒体，报纸的优势是非常突出的：一是报纸报道权威，信息容载量相对较大；二是图文并茂，形象生动，视觉冲击力强；三是分析论证严密，逻辑脉络清晰；四是叙事完整，史实结合交融，铺陈贯通时空；五是文字亦庄亦谐，受众面广，感染渗透力强；六是内容专题板块设置方便，围绕某一事件信息从不同视角展现的不同侧面分门别类地宣介，表述方式灵活自由。

与报纸媒体所呈现的优势特点相伴的是，报纸媒介也存在明显缺憾。一是传播时间不定。在信息传递方面没有固定的时间，有时一个月有很多相关内容，有时一个月只有一两条相关内容，内容不丰富导致信息传递力度和效果都会大打折扣。二是版面承载有限，碎片信息居多，缺乏系统报道宣介。三是现场感不强，相较于电视网络传播渠道特点，运动感、生动性差。

2. 传统报纸的运营特征

综合来讲，报纸的收入来源有两种：一是报纸的发行量；二是报纸广告的收入。而广告经营收入应该是大多数报纸收入的主要来源。特别是经济类报纸，随着报纸版面的扩大和增加，报纸从中获得了丰厚的盈利。

报纸发行量即报纸的数量，但不同报纸的数量差异却很大。报纸的发行量是报纸质量、实力、影响力等诸多方面的重要体现。然而，影响计划发行量的是期望值；而影响实际发行量的往往是政策因素和外界竞争格局；影响有效发行量的则多是报纸质量和数据分析。但就报纸本身而言，发行量的多少决定了报纸的影响力之大小。

所谓“报纸广告”即刊登在报纸上的广告。报纸广告有各种版面形式，如版面小而形式特殊的报花广告；横排版报纸报头一侧权威性、新闻性、时效性与可信度较为突出的报眼广告；众多广告排列在一起的半通栏广告；最常见的单通栏广告；单通栏广告的2倍的双通栏广告；半版与整版和跨版广告的半版广告；视野开阔的整版广告；刊登在两个或两个以上报纸版面上的跨版广告。

报纸作为更新速度快、内容易复制、信息传递明确的媒介，使得广告有了与新闻相似的功能，报纸广告一路伴随着我国商品经济飞速发展，《申报》更是被看作中国近代商业报纸的开端，所以可以说报纸广告承载着中国近代广告史的发展历程，报纸广告具有丰富的史料价值，可以说，作为重要的营利方式之一，报纸广告也经历了一段漫长的发展史。

现代报纸广告的发展也可以反映媒介技术和社会生活的变化，2007年“报网融合”观念的提出，实现了“互联网＋报纸”的资源整合优势，随着媒体融合发展水平不断提高，2015年，媒体把全媒体平台冠以“中央厨房”称谓，实现“一次采集、多种生成、多元传播”。技术的发展和市场的选择让报纸慢慢退场，2016年开始，许多报纸媒体宣布停刊转型。

相继而来的停刊热潮导致出现了“报纸消亡论”，在网络渠道等分流下，报纸广告市场占比已经出现了负增长，而互联网广告弥补了报纸广告内容单一、不够美观、版面受限、造价成本高等缺点，彻底改变了报纸广告的市场供求关系，转型在情理之中。例如，《南方日报》作为广东网民首选信息平台，将报网融合优势发挥得非常好，依托传统报纸的人员基础和采写编能力，整合现有资源，完善内容生产，推出个性化推荐系统，创新了传统版式设计，与所有设备和平台打通进行兼容性适配，极大地优化了用户体验。完成了传统报纸向内容丰富性、信源更权威、用户更信赖的转型。

报纸广告在经营探索中取得了一定进展，但是与头部网络媒体相比，广告经营规模尚微不足道，难以弥补传统终端广告的减少，未来报纸广告的发展依然受到挑战。

从市场运营角度看，依靠发行量和广告收益而获利的报业市场一直显现着变化的格局。虽然报纸经过多年的雄厚经济积累，夯实了报业生存的坚实基础，但由于互联网的冲击，直接影响着传统报业的经济效益，而且这种影响已十分严峻且不可回避。

（二）电波声像媒介：广播

1．广播的概念及特征

“广播”一词起源于无线电技术的发明以及人们对大众传媒的需要。通过翻阅《辞海》我们能够发现其定义，“广播”是指通过无线电波或导线传送声音、图像节目的大众传播媒介。虽然“广播”一词的定义一直未曾变动，但是在法律文件中“广播”的内涵却始终处于扩张的状态，起初在《罗马公约》中，“广播”被定义为：为公众接收而通过无线手段传送声音或声音兼图像。

随着技术手段的革新，根据世界知识产权组织（WIPO）所草拟的《广播组织条约》中对“广播”一词作出的定义可知，通过无线、有线、卫星以及加密信号传输的都是广播。这就意味着，法律上对于“广播”一词的定义是已经超越了技术条件的限制，遵循着技术中立的立法原则，涵盖了一切技术手段的广播。

广播以声音为唯一传播符号，以新闻及音乐等节目为内容，以特定的传输方式诉诸受众的听觉，这些传播手段决定了广播媒体特有的传播特征：一是传播速度快、新闻时效性强；二是广泛性、普及性、渗透性强；三是非独占性，即灵活性和适应性较强；四是声情并茂，具有传真性和通俗性。

相对于广播媒体传播的优势，它的劣势特征也是比较明显的：一是声音传播稍纵即逝，不留痕迹；二是声音传播是线性传播，听众选择性差；三是声音传播的储存不便。

广播媒体的优势与它作为电子媒介固有的特质密切相关，这也是它有别于报纸的优越之处，但同时也有不可回避的劣势和弱点，这使得它在和新兴媒体的竞争中处于被动局面而受到冲击。但无论如何，独特的媒体必有自身的优劣，生存与繁荣自有其合理性和必然性。

2．传统广播的运营特征

广播除了及时传播新闻信息，其营利的主要方式就是播放商家广告，还有一些如广播点歌服务、广播信息咨询服务等项目。下面将针对广播广告这一运营方式进行具体阐述，而对于其他方式这里就不再一一赘述了。

广播广告的优势是充分利用了广播媒介的优势，以声响、语言、音乐来诉诸人的听觉，因而广告信息的优势表现在以下几方面。

①诉诸听觉，调动想象力。广播是听觉媒介，主要靠声音进行传播。广播声

音要素包括语言、音乐、音响，三者相互配合，能够让人产生生动的听觉体验，促发人们联想。和报纸、电视等媒体相比，广播缺少视觉效果的呈现，听众全凭耳朵来感知信息。正是由于这样，声音的语调、语气、音色、音量等可以引发人们不同的联想，给人留下广阔的想象空间。

②收听随意、自由。广播收听随意，不受时间、地点的限制，对文化水平也没有要求，门槛特别低，因此人们可以一边听广播，一边做着其他事。广告主也正是看中了这点，赞助冠名节目、间隙投放硬性广告，使得听众在短暂的广告时间里无暇调换，潜移默化中被动接收广告信息，达到宣传营销的效果。

③低投入，高产出。相较于电视、杂志等来讲，广播广告制作简单，只需录制声音便可，发布成本也低。另外，从投入产出角度来讲，广播覆盖面很广，受众较多，广播广告千人成本率、百分点收听成本和长期广告效果的竞争优势都相当明显。

④灵活方便，传播迅速。广播广告的制作相对简单，周期短，易于调整。它的发布、播出、投放量调整以及停止相较于印刷媒体更加灵活。加之，无线电波自身传播速度快，基本上不受时空限制，因此广播广告可以迅速地把资讯信息带给受众。

但广播广告毕竟只是声音传播媒介，还是存在一定局限性的。一方面，广播广告以声音为主体进行传播，听过即逝，所以它的信息并不易被受众所感知记忆，难以留下深刻印象进而产生购买意图；另一方面，由于无线电波的发射技术和发射条件限制，广播的很多频率通常只覆盖在一定的范围之内，尤其是调幅广播，这就使得大多数广播很多时候不能全国覆盖、全面触及；另外，收听者更为关注身边的资讯信息，因此对于广告主来讲，比起国家级广播，把地域战略产品投放在相应省市更为明智。

20 世纪 20 年代末到 20 世纪 30 年代初，广告已成为众多民营广播电台收入的主要来源。中华人民共和国成立之后，国家对广告行业进行改造，在最开始的一段时期内，广播广告的发展相对来说比较好。直到 1979 年 3 月 5 日，上海人民广播电台播出了“春蕾药性发乳”广告，最先在全国恢复广告经营事业。党的十八届三中全会召开后，广告业终于再次迎来了期盼已久的春天。改革开放后，我国经济蒸蒸日上，广播广告也随之繁荣发展并保持增长势头。

20世纪90年代以前的广播以宣传为主，很少考虑广告经营，因此广播背上了“弱势媒体”的负担，并开始走下坡路；在20世纪90年代中期，随着经济的繁荣和经营机制的转换，广播得到了快速发展。2003年是广播的拐点，时任中宣部副部长、国家广电总局局长徐光春指出，广电总局将2003年定为“广播发展年”，从此广播一发而不可收，广播广告增长率跃升各大媒体之首，一举成为“受众欢迎媒体”。据统计，2000年以后的连续5年，广告增长率维持在20％左右，全国广播广告收入总额已经由2000年的15.2亿元增长到2005年的49.68亿元。而2006年广播广告的持续拔高，更使广播成为众媒体、众人群关注的焦点。广播90％的收入来自广告，所以广告的指标最能说明这个产业的发展状况。为了更好地发挥广播广告的营利作用，需要探索广播广告的优化策略，为下一轮升级迭代打好基础。

第一，广告内容定制融合。从经济属性上讲，广告不仅是媒体获取收益的主要来源，还加速了产品或企业市场化进程；从精神文化属性上讲，广告不仅是传播的内容载体，同时具备审美性、思想性、价值取向。传统广告环境中，广告的刊播投放对媒体渠道有着严重的依赖性。

在广播广告市场中，广播电台垄断了广告的承接、发布权，处于强势地位，移动互联等技术的普及应用使得受众、客户拥有更多的平台选择，单纯的声音广告脱离了原来的线性传播，转化为构建内容与渠道之间的协同关系。广告的内容成为媒介与消费者之间的真正纽带，只有符合客户、受众的潜在需求，找到痛点才能引起共鸣，促进用户从收听到购买的转化，自愿分享、转发，提升品牌价值，因此从长远来看，广告的内容性不但是导向的载体，还是品牌溢价的核心竞争力。

在信息极度过剩、更新较快的互联网数字时代，用户对某一事物的关注度及关注时长都在减少，加之企业的产品或服务迭代周期越来越短，用户的关注点极易转变，传统硬广告对用户的吸引力越来越弱，用户对广告内容的要求越来越高，所以广播广告要改变以往硬性推广产品的方式，通过分解品牌元素、产品诉求等，将广告内容结合用户收听习惯、需求提供碎片化创新、融合式的定制，使用户在潜移默化中接受并认可广告。例如，央广广告将医药广告拆解成若干精悍短小的“广告”投放，并结合时下热点事件与内容进行无缝融合，采用“甲方数据营销”来评估广告效果，取得了不错的成效。

第二，与新媒体联动，创新广告表现形式。微信、微博等社交软件是我国人口使用基数最多的平台，抖音短视频平台等一些后起之秀更是吸引了众多年轻用户入驻。移动互联网使广播节目的优势得到进一步强化，开放包容的媒体环境提供了和主力用户群经常使用的媒体保持一致的可能。移动互联网的兴起普及，极大地强化了用户的社交属性，促进了广播移动智能端收听市场的发展，丰富了广播广告的表现形式，主要包括以下几种。

①喊红包广告。广播节目中植入广告是经常使用的方式，但人们总是反感推销，被动地接收广告信息。喊红包的形式把微信与广播电台互动的优势发挥到极致，参与者喊出商家设计的口令，就有机会获得商家红包。“广播＋喊红包”的形式不仅调动了用户参与节目的积极性，更增强了广告的趣味性。

②摇一摇广告。微信“摇一摇”的功能不断被深化利用，从最初的摇朋友、歌曲到电视，再到如今的广播，给人们带来不一样的互动体验。广播“声性不改”，以声音为本，从无形缥缈的空中摇到手机终端，新潮好玩儿，趣味十足。在2016年北京广播电台策划的春节节目中，通过该功能，短短几个小时就激发141万余次的用户参与，每摇一次，都会生成相应的产品广告页面，广播中同时播报广告及奖品，完成了接近160万次的互动广告参与。

③语音二维码广告。语音广播可以在线生成二维码，此种编码方式拥有低成本、可靠性强、持久耐用、信息容量大等优点，与广播结合能很好地帮助广播克服自身“听过即逝，不易保存”的缺点。语音二维码生成后，被手机App识别，形成文字、语音、图片、视频等可视化要素，将用户导入商家平台。目前，语音二维码最长可录制60秒，可根据制作需求设置语音的语速、音调、音量、女声、男声以及情感，满足用户需求个性化、碎片化的收听特征。

④公众号推送广告。公众号推送形成的软广也逐渐成为一种广告常态，将立体的声音转换成平面图文，突破介质载体，还可以加入视频、动图、链接等文本形式，编辑排版灵活、俏皮，不仅让广告变得可视而且便于评估，高效提升购买率。

⑤微博超话广告。微博从刚开始的“百家争鸣”到现在新浪一家独大的局面，聚合沉淀了大量用户，也成了广告主发力的重要“竞技场”。2018年5月，河北交通广播官方微博发起“哈佛SUV杯河北旅游形象主题口号及标识全球有奖征

集活动”的超级话题，并承诺对荣获一等奖的参与者奖励一辆哈佛 H9。到活动结束，该话题阅读量为 16.3 万人次，调动 1 059 人参与其中，实现了广播与微博的良性互动、跨平台精准营销的矩阵宣传效果。

⑥关键词广告。在传统广播传播过程中，潜在消费者若听到一则符合自身需求的广播广告后，只是简单地触发购买行为中的确认需要环节，没有办法进行即时搜集产品或服务信息，也没有办法直接出发转化为购买行为。如今，新媒体技术拓展了广播广告的宣发渠道，不仅丰富了广告的表现形式，增强了广播广告的互动性，提高了实时监测、反馈的精准性，还打通了潜在消费者购买决策的各个中间环节。其中，商品或服务信息检索对比成为影响消费者决策的关键一环，也逐渐上升为用户理性、多元消费的前提。广播的广覆盖、伴随性特征使得广播广告低投入、高产出优势与搜索引擎产生了有机结合。

除了上述的广告形式外，还可以在电台 App、微信公众号中设置插屏、公告等形式的广告，形成“内容＋互动＋社交”“图文＋互动＋音频”“无线广播＋App＋电商”“直播＋流量＋销量”等操作简单方便、计费透明的形式，增强广告评估效果。

（三）电波声像媒介：电视

1. 电视的概念及特征

“电视”（television）一词来自希腊语，是由“tele”（远处）和“vision”（景象）两词组成。它形象且有前瞻性地表达了电视的技术本质，即电视是一种将声音、文字、图像等信息转变成某种信号（电子或数字），通过有线或无线的方式进行远距离传播、供大量观众收看的传媒。电视是电子技术高度发展的产物，它具备光电转换和图像扫描两大基本因素。

虽然电视与广播都是通过无线电波或导线进行传输的，均有传速快、覆盖面广、受众广泛等优势以及选择性差、不易储存等劣势，但广播是以声音为唯一传播符号诉诸受众的听觉，而电视则以图像、声音、文字为综合传播符号，既诉诸受众听觉也诉诸其视觉，因而更具独特的传播优势：一是画面直观形象，有强烈的真实性和现场感；二是精华汇聚、综合性极强；三是家庭收视、自由宽松。

但是，电视也存在着不容忽视的传播劣势：一是大量而丰富多彩的可视性信息直观、直接、形象地冲击着电视受众的视听，使他们没有太多时间和空间去静心回味、展开联想，束缚了人们对参与形象的再创造之能力，这一特征实际上极大地削弱了受众积极参与电视作品的积极性；二是电视信息的传播以视觉画面为最基本符号，但画面本身受一定条件的限制，并不能完全展现某些不具备形象性的信息内容，如已发生而未曾记录的信息、尚未发生的未来展望、理论性抽象性强的事物、人物内心世界活动等。虽然这些信息可用旁白、文字、解说等弥补，但毕竟缺乏电视画面独特的成分而限制了电视画面的影像效果；三是与电视传播优势的正面影响同时存在的社会负面影响，其效果同样直接和深刻，这一点主要表现在商业化运行机制中。

2. 传统电视的运营特征

从目前电视媒介运营情况来看，其营利模式仍处于探索之中，电视运营商的收益途径主要还是靠付费电视、点播、竞价报道、转播、节目外包、光盘制作代理收费以及一些增值业务。目前，国内电视媒体的主要营利渠道有两个：一是收取电视收视费，二是电视广告播放费。

据了解，数字电视收视费大约是 30 元／月，若每月每户多收 10 元收视费，一个城市按 50 万户来计算，每年的收视费用只能增加 6 000 万元，该金额与数字电视安装之前网络带宽加大和双向性改造投入的几亿元相比，相去甚远。

电视营利固然有多种途径，但只有占极大比例的广告收益才是电视媒体生存的重要根基。现阶段，关于电视广告的研究集中在收视率、电视媒体、广告投放、广告收入、植入式广告等节点。

1979 年，上海电视台播出了中国第一条电视广告——参桂养荣酒广告并注明“上海电视台即日起受理广告业务”，这标志着中国电视广告史的开端。自那以后，我国电视广告经历了从初级阶段的推销广告到竞争加剧的创意广告，随着新媒体的出现，传统电视广告 CPM 收费模式带来的广告效果转化不如互联网广告及时，所以在经历了前两个时期后，电视广告进入第三时期，即品牌广告时期。企业不寻求电视广告的短期效果，更强调电视广告内容以品带效、品效合一以提升品牌的国民度。针对电视广告的研究主要集中在电视广告传播内容、电视广告传播效果、媒体融合环境下的产业变迁、人文视角下的电视广告的文化价值等方面。

电视广告野蛮生长时期，针对其研究主要集中在广告传播内容主体分析，宏观层面表现在广告内容研究，许多学者认为电视广告内容呈现同质化，电视节目广告形式不够新颖，模仿和抄袭现象严重，呼吁电视广告内容需要创新，重视体验营销，增强广告的真实感和参与性，同时进行整合营销传播，不仅要实现新媒体和多媒体的联动，更要加强传统媒体的新创意。微观层面主要表现在广告语分析、广告修辞分析、广告故事性叙事逻辑以及广告传播内容的意识形态等方面，分析广告中的多模态隐喻，可以发现其在广告中呈动态发展的状态，且源于目标域之间存在时间差。

受众研究的兴起使得广告传播效果研究也逐渐被重视，受众要求的提高倒逼广告从“硬”到“软”，植入式广告作为更原生、带有强制传播特征的形式受到广告主青睐，湖南卫视作为国内植入式广告运作模范，同时采取针对广告主和观众的编播策略，使得植入式广告在广告总收入中的占比大幅度提升，但是植入式广告的效果测量和定价策略成为广告公司的难题。

21 世纪，后市场趋于开放与成熟，技术的发展和互联网强势来袭使得数字传播媒介崛起，广告产业竞争环境越发残酷。面对“电视消亡论”的消极舆论氛围，电视广告经营亟须创新，让大家看到电视广告的优势，首先，电视广告拥有最专业最可信的信息源，对比互联网虚假流量给广告主带来的巨额损失，电视广告在品牌塑造上具有无可比拟的优势；其次，电视可以为企业提供全方位的品牌传播服务，“国家品牌计划”的提出助推中国产品向中国品牌的转型，形成了品牌与品牌之间的联结、品牌与大事件的联结，提升了品牌的张力；最后，电视广告开始发展“大屏＋小屏”的模式，依托大屏后面优质内容和专业团队加上小屏互联网属性的延伸，媒体融合让电视广告依然保持竞争力，处于大众传播的重要地位。

除了电视广告主体和市场环境的研究，广告本身作为一种文化符号，其所承载的文化必须符合受众的价值取向，于是人文视角下的电视广告所传达的文化价值也成为此类研究的重点。中国电视广告更多地使用象征性文化价值，保留东方文化符号的同时吸收西方实用性文化价值，同时还注重对消费主义、刻板印象、女性视角等方面批判性的思考。

第二节 传统媒体的生存窘境分析

一、信息内容与表现形式单一

传统媒体在传播内容上存在严重的同质化现象，从新闻来源角度来说，如今技术赋权力量冲击和消解专业化信息生产，正被逐渐削弱的精英文化与崭露头角却势头猛烈的草根文化之间展开了力量博弈，新闻信息的垄断地位已然逐渐被打破，新闻业的根基一直在被削弱，以至于该领域的界限越来越模糊。同时，某一区域内往往共存着数十家新闻媒体相互竞争新闻资源。

总之，新闻资源是有限的，各个主流媒体乃至不同自媒体之间都有着激烈的竞争关系，当面对重大的新闻事件时，对新闻业界而言必定意味着一场激烈的“新闻大战”。现在，从信息资源的配置方式、获取新闻信息的渠道来分析，一家媒体可以轻而易举获得各类新闻信息，但要想得到独家且具有新闻价值的信息却很难。传统媒体中采编力量较为匮乏，媒体仅凭借记者采访得来的原创新闻很难使版面充盈。如今，大部分媒体想要占尽先机拿到第一手新闻信息十分不易，大多是转载其他获得新闻主动权的媒体。

在媒体融合的时代背景下，媒介技术迅猛发展，信息内容越来越多元化，在传统形式中取得了很大的突破，而随之改变的是读者的信息阅读习惯和知识接收模式。长期以来，传统媒体新闻播报的形式大多较为单一，但是就信息层面而言，文字传播的形式会更加得准确、详细。不过，在趣味性方面会受到很大限制，过多的文字及图片一方面会占据大规模版面，另一方面还会降低读者阅读的兴趣。传统媒体单一的叙事符号已经无法满足受众需求，如果不重视读者的阅读需求，那么读者便不会对新闻内容产生兴趣。

就现阶段而言，传统媒体优质的文字内容及其表达形式，在一定程度起到了积极作用，不过还是无法改变现阶段所面临的风险。面对挑战若自我局限，仅仅只是对文字内容进行精细化处理，那么只会被市场更快地淘汰。在传播形式上不少传统媒体缺乏新媒体的运营经验和互联网思维，渠道是十分单一的，只是通过微博和微信等社交 App，将所需要的媒体资料复制粘贴到新媒体平台上，就是所谓的“脱钩的数字化延伸”。对于简单形态的改变或延伸而言，这种改变或叠加媒介渠道的方式与真正的融媒体出版相距甚远，不过是传统产品的附庸。通常情况下，新媒体的发展并不是那么简单，它需要将新媒体和其他资源联合起来，实现共赢，而不是简简单单地将微博、微信以及新闻客户端的信息一起利用。

传统媒体因其自身技术问题，存在单向传播、互动性弱、同质化等短板，在很大程度上是对传统媒体新闻的简单数字化处理，而没有基于短视频传播规律进行加工，原创性严重不足，无法凸显短视频的媒体元素和特点，而且忽略了短视频与传统媒体结合过程中的融合路径，对短视频的认知存在偏差，没有意识到其产品特性，这些都制约着传统媒体的竞争力。在新媒体语境下，传统媒体数字产品类型虽然较为丰富，但几乎都是传统媒体简单形态的改变或延伸，传统媒体在数字延伸过程中应更加重视挖掘用户群体的多维度价值，如利用大数据与智能算法分析用户群体的偏好，发掘用户对媒体的媒介价值、营销价值、消费价值、跨界合作价值等。

传统媒体只有凭借媒介新兴技术全方位获取用户综合数据，才能实现用户价值提升，同时有效拓展媒体与用户的互动维度，重塑传受主体关系，完善用户的使用体验，增强用户黏度。

随着传统媒体改革逐渐走向市场，新闻生产也日渐形成标准化、组织化倾向，不同媒体对新闻价值与新闻产品的标准逐渐达成一致，各家媒体在新闻判断的共识中往往大同小异，但也会出现相互模仿的局面。这样一来，新闻同质化不仅使得媒体的竞争力减弱，而且会使订阅多家媒体的受众选择的空间愈加狭小。学术界公认的新闻价值要素之间本应不可分割、不可偏废。但在市场化标准下，媒体在衡量新闻内容价值或新闻价值重要程度时往往失之偏颇。如今，新闻业界放大了趣味性和显著性要素，弱化了时效性、重要性等价值要素，在市场标准下的传统媒体普遍倾向于商业化、娱乐化。单就短视频领域而言，传统媒体在内容输出方面已经取得了初步的成绩，不过仍然需要持续提高创新能力。

二、竞争状态下传统媒体价值迷失

随着新媒体的崛起，传媒市场的竞争愈发激烈，点击率和流量逐渐成了衡量一篇报道优劣的唯一考核标准。许多自媒体为了吸引受众眼球，选择成为“标题党”，甚至是编造虚假新闻或是刻意煽动受众情绪。在这样的环境下，自媒体抢夺了传统媒体的部分受众，为了保持在传媒市场竞争中的优势，一部分传统媒体出现了为抢时效而忽略对内容把关的行为，从而产生一系列新闻反转的情况。传统媒体最大的优势就是内容的权威和可靠，而这样的行为会大大降低传统媒体的公信力，失去其长久以来形成的优势地位。

二、传统媒体方面的专业人才不足

传统媒体要想在媒介融合的浪潮中实现成功转型，就要有一群既能做好传统媒体的策划、编排、采访、录制和写作等工作，又能适应新媒体发展要求的传统媒体记者。如今，传统媒体记者的职业素养存在许多问题，如职业道德失范、职业理论不足、职业业务能力无法适配智媒时代的传播要求等问题，这样的社会现实使传统媒体记者急需实现职业素养的培养与提升。

第一，职业道德素养亟须加强。在新媒体势头正劲的智媒时代，传统媒体由于技术和管理体制的局限，在内容的优质上难以与新媒体抗衡，其在传播舆论场中的绝对优势逐渐消散。

面对复杂多变的传播生态，在“点击量就是流量”的利益驱使下，一些道德品质不高、职业底线低下的记者为了吸引昔日的受众、今日的用户的注意力而好大喜功。自身理想信念逐渐被经济利益所蚕食，其不断降低自己的道德底线，在新闻报道中刻意制造虚假失实新闻、有偿报道新闻或内容低俗新闻，背弃了对新闻真实性的坚守。

在新闻报道中坚守新闻的客观真实性原则，是新闻记者理应遵守的职业道德规范。随着智能媒介与平台的成熟，大众接触互联网越来越便捷，算法技术会根据用户网络行为随时为其推送感兴趣的内容，公民也会利用各种互联网媒介手段参与社会事务的讨论。例如，微博实时更新的热搜榜，基本涵盖了时下关注度和讨论度最高的事件，大到国际变局，小到绯闻事件都会引起舆论讨论。

在一味地注重流量变现以及泛娱乐化严重的互联网传播市场中，部分新闻记者或媒体出于博取关注度或宣传的目的，在新闻报道中忽视职业道德底线，不从客观事实的真理性出发，而刻意对新闻结果进行不良引导，进而有损在公众心中传统媒体及新闻从业人员的权威性。在 5G 时代，媒体融合变革，作为有着社会信息传播“无冕之王”称号的新闻记者，必须对我国新闻事业怀有崇高的责任感和道德感。利用传统媒体毋庸置疑的公信力去传播信息，才能给正在面临激荡变革的新网络传播环境带来朗朗清气。

第二，职业知识素养亟须深耕。智能媒介终端设备越来越普及，社会大众获取信息的方法与途径也越来越便捷，即使是非新闻专业的公众也可以根据互联网上的既有内容完成一篇新闻稿件的写作。传统媒体记者虽然接受过系统的新闻专业教育，但是传媒行业内的竞争日益激烈，无论是非新闻专业人员，还是智能新闻生产机器，都能够快速自主地进行新闻传播。

严峻的传媒竞争环境对传统媒体记者的知识素养要求更为严格，新闻记者在当今时代更要有较高的知识素养，具备更系统完备的知识储备，成为“三百六十行，行行都精通”的杂家。然而，很多传统媒体记者还一直在“吃老本”，知识储存仅仅在于自身专业领域，知识体系并未及时更新。对所学专业之外的领域知之甚少，会直接导致传统媒体记者在采访阶段因为自身对采访对象所涉及的领域的知识储备不足而无法深入沟通，难以挖掘到有效信息的情况，或者在进行新闻稿件写作时，发生专业性不足、切入点不深入等常识性错误。

传统媒体记者要不断加深自身采访领域的知识，在完成工作之余为自己“充电”。多涉猎并深耕一些专业领域之外的相关知识，如社会学、心理学、经济学、政治学、哲学、法学以及医学、体育等方面。例如，财经金融领域的记者要能够对国内外经济趋势与变动有所了解，社会生活领域的记者要能够掌握日常生活的基本常识，这样既能成为“杂家”，也能成为某一领域的“专家”。智媒时代，新闻行业竞争压力日趋严重，传统媒体记者在进行知识积累、提升自我知识素养的同时，也要将可能发生的误差率降低至最小。

第三，职业业务素养亟须精进。智媒时代，新兴媒体与传播技术近乎垄断了所有智能传播渠道。新媒体记者借助智能算法技术与平台，在传播速度与传播分发的高效性与精准性上有着传统媒体记者暂时无法比拟的技术优势。故而，智媒时代下传统媒体记者需要有更精进的业务技能。

如今，互联网上信息更新速度不断加快，海量信息与数据井喷式增长，可供传统媒体记者选择的报道范围与素材也越来越宽泛。随着新闻素材搜集难度的增加，加之很多记者自身业务素养的低下，新闻的独创性与吸引性被大大降低。以往新闻记者在整理好所需的新闻素材后，只需利用文字、图片或视频等进行排版，即可完成新闻的生产。而在智媒时代，记者可以通过微博、微信公众号等多种信息传播渠道获得所需的新闻素材，此后借助动态图、数据新闻、短视频、vlog、直播等深受用户喜爱的报道方式完成新闻的生产。基于此，传统媒体急需掌握和提高与新媒体相关的操作技能，进一步提升其在数据信息的挖掘、分析和可视化呈现等方面的业务水平。

最重要的是，许多传统媒体记者还未深刻意识到提升自身业务技能的积极意义，传统的工作模式与传播理念还根深蒂固。对学习新技术、新知识天然地存在抗拒心理，抱着这种职业心态写成的新闻稿件自然言语晦涩、不接地气。或者即使有心提升自身的业务素养，但惰性使然，逐渐疏于对业务技能的精进，这在很大程度上影响了个人与媒体的长久发展。

智媒时代，传统媒体记者业务素养的缺乏，直接导致了其不仅在新闻数量上无法与智能新闻生产技术比肩，在一些需要内容深度与人文感知的新闻领域亦无法满足受众的阅读需求。面对来自智能媒介技术的不断“倾轧”，传统媒体记者需要充分认识到智媒时代对自身业务能力提出的新要求，积极迎接挑战。

四、传受关系与媒介竞合失衡

传播关系中媒介中心论观念尚未转变，传统媒体叙事过程中，媒介从业人员作为唯一的主体以特定信息为中介对受众单向灌输施加一定影响并且强调达成共识的过程。这种主体—客体传播关系中，表面上媒体向公众传递的是信息，实际却是传播者的利欲操纵。媒体会为了达成某些层面的一致认同和共识而扭曲受传者的他者属性，试图去培养公众并将自身的一些观念强加于人，这就是传受关系中欲望的配对。

现今，传统媒体与受众之间不再是简单的线性灌输关系，取而代之的是矛盾冲突与互动共进、趋于平等的关系，传受双方之间应保持适度的相互作用、相互制约。起初，新闻是为满足人们的信息交流和社会交往的需求而产生的，为受众所接受、所认可、所使用的新闻信息传播才是其实际价值和现实意义所在。在传统媒体中，传播者处于传播过程的首端，对传播内容、传播流向以及舆论引导起着一定的控制作用。新闻传播的过程不可避免地会受到媒体立场及其利益的影响，而受众作为信息的接收主体，也可以根据自身偏好和需求对信息内容进行筛选，并通过反馈相关意见来影响媒体信息的宣传。

传统媒体无限追逐数据利益往往会造成人文关怀的缺失，忽略了受众的需求，传统媒体以往单向度地将新闻内容灌输给受众，这样的传受方式已然与时代脱节。再加上当代社会的需求逐渐变得个性与多元化，使得内容生产的形式也要随之改变，因此传统媒体应坚持“内容为王”和“受众为王”并重，将受众需求与自身优势相结合，做有特色的原创优质新闻视频内容。“传播双主体”理论也是强调传受双方在信息传播过程中都具有主体地位和作用，在“传者本位”和“受众本位”之间必须保持一定程度的张力，以此来实现双主体间在传播过程中的平等互动、相互协调、相互制约。融媒体叙事改变了传统新闻传播方式，受众不再是被动的信息接收者，而是成为媒介活动的重要主体之一，媒体和受众在现阶段构成了一种互为主体的关系。

融媒体是基于大数据技术的前提下，通过技术赋能来利用不同媒介渠道进行各种形式、各种内容的传播的统称。通过技术的加持以及产业的推动，实现了新时代下“万物皆媒”的发展愿景，而大数据是其关键，也是链接万物的重要枢纽。这种新型的传播方式是智能媒介时代的主要传播特征，“万物皆媒、人机合一、自我进化”成为融媒体传播的主要表现形式，潜存于其中的各种关系共同构成了复杂、多元的融媒体传播系统，丰富了智能媒介的环境。融媒体叙事平台是依托大数据与互联网的技术架构，完成传统叙事体制的一次深刻变革，也是新媒介时代思维模式和实践方式的创新，平台是融媒体机构的重构，是汇聚、管理、分发数据流的“大脑中枢”。

就目前的环境而言，除了制造业、文娱业等存在显著的产业竞争现象，媒体领域的竞争态势也逐渐加强，而且这种竞争是物质世界与虚拟世界的竞争，即以互联网为基准的线上与线下竞争，而这主要是与传统媒体发展受阻有关，再加上近几年传统媒体的信息化发展和数字化发展，更是加剧了二者之间的竞争程度。

热度较高的“中央厨房”工程，实际上就是传统媒体向虚拟世界靠拢的一种价值矩阵模式。此时，一方面能够实现媒体资源的全面共享与整合，另一方面也有助于拓宽媒体发展的范围。此外，对于传统的时间、地域、时空等限制也能够逐个击破，为各个媒体的发展以及媒体与其他组织之间的合作创造了极为兼容的环境。在这个过程中，跨界链接已经成了常态，并且为传统媒体跨界融合指明了方向，给出了内容的创造空间。

虽然融媒体在拓展前沿阵地、传播方式多样、信息资源共享、传播主体多元化等方面给信息传播带来了前所未有的机遇。但大多数传统媒体依然对新兴技术不够敏感，也在跨界合作上困难重重。传统媒体自身的专业性、权威性和知名度在媒体竞合中占据优势并在各个层面上实现渗透、吸收与创新。跨界合作的手段是通过共享换取更广阔的市场以及尝试新的发展契机。传统媒体难以打破不同产业间的技术壁垒，仅是依靠技术可供性，开发抖音、微博、微信等独立 App 在内的多种媒介传播渠道，打通跨媒体的产业价值链，充分利用技术可供性与经营模式打造优质新内容、新产品、新服务，占据受众市场份额并实现真正的增量。目前，广播、电影、电视、新媒体等业态都出现了去形态化的边界模糊现象。

五、传统媒体广告收入缩减

当前，对于大多数传统媒体而言，广告、发行仍是其主要的收入来源。而相较于新媒体，传统媒体广告收入增长动力明显不足。传统媒体广泛存在产业发展滞后、行业突破难度大等问题，仅仅通过广告、发行途径创造经济收益远不足以保障传统媒体的有序健康发展。随着近年来媒介环境的不断转变，各大传统媒体不断推进自身的改革转型。

如何强化传统媒体的融合发展、推进产业结构优化升级、增加传统媒体经济收益，是如今传统媒体亟须解决的一个严峻问题。对于传统媒体而言，虽然经过长期发展打下了较为良好的市场基础，但是由于其受众主要为偏好阅读实体报纸的老年群体，在创造广告收益方面，广大地方传统媒体明显不如如今备受青睐的新媒体行业。为此，传统媒体应进一步加速自身的融合转型，重塑符合时代发展和市场需求的媒体形象，重新赢得受众青睐，为传统媒体有序健康发展提供可靠的资金支持。

六、情感体验与个性定制欠缺

即使大多数传统媒体叙事单一，还未能充分发挥各媒介元素传播特性并借助媒介技术，以文字、图像等语言符号及非语言符号，生动、多维地讲述新闻故事，无法实现从单一媒介的系列化叙事到跨媒介的立体化叙事，未能完成由传统单一的叙事符号向多元形式的全媒体叙事符号融合。但随着科技的发展与进步，技术已经不是媒体平台发展的核心优势。

现在的短视频工具千篇一律，受众早已审美疲劳，必然会导致受众流失。现在对于用户来说最重要的是分享，维持情感和扩大现有的社交圈，累积个人的社会资本。随着受众心理需求的变化，短视频平台也更多地将关注点放在社交属性与情感体验上。抖音平台作为目前短视频平台的翘楚，主要是为用户提供日常内容与场景的记录和传播载体，该平台能够支持智能编辑和线上制作，相比于传统传播媒体的功能，抖音的传播形式是以视频为主，而非过去的图片或者文字。与传统媒体相比，短视频的优势就显而易见了。首先优势在于它的“短”，以便让受众更有耐心去了解观看，可以让观看者很快了解到信息的关键点；其次，相比于文字形式，视频的传播条件更为广泛，门槛更低，大部分视频的普遍内容可以承载思维、认识甚至实践的过程，因此可以更好地还原事情本身，避免有心人利用舆论造成不利影响。与传统媒体相比，短视频叙事与当代受众的审美需求更为契合，尤其是在碎片化时代下，短视频无论是内容还是播放时长，都可以满足更多受众的选择要求，通常情况下，短视频叙事的画面较为直观，再搭配声音或者场景的设置，极易引起受众对内容的共鸣。综上所述，传统媒体在情感体验方面还有所欠缺。

短视频凭借其较强的情感表达能力以及较为清晰的叙事逻辑，可以在短短几秒钟内吸引受众，这种浓缩式内容的传播，不仅能够实现信息的传达，同时还可以快速抓住用户，并为之带来沉浸式体验。不仅如此，过去的媒体传播对象较为固定，同质化现象比较严重。而移动技术的发展和崛起，为传统媒体的发展创造了极大的空间，此时，个性化定制的传播模式已经成了市场主流。

如今，短视频平台的创作内容呈现爆炸的态势，很大程度上是依靠大数据算法推荐用户感兴趣的内容，凭借算法推荐与大数据技术实现了信息传播的精准化、个性化。受众享受着在算法推荐机制的影响下降低了信息搜寻成本而带来的独一无二的信息定制服务，实现了技术工具属性下的全民狂欢。算法技术同样可以适用于商业变现模式，摸清用户需要什么就可以植入相应的广告，这样不会使用户感到厌烦，可以实现多方获利。

算法技术形成的“信息茧房”悄无声息地使用户的思维单一固化，同时泛在的低俗娱乐信息潜移默化地侵蚀个体价值观。在传统媒体中，负责新闻加工的编辑的重要性不言而喻，在新技术和新媒体平台迅速发展的过程中，技术在其中起到了极为关键的引导作用。尽管算法能够比较智能地判断用户的喜好特点并为其提供和推荐相应的内容，但是仍然需要进行人工审核，因为算法不能判断某一内容是否具有价值，因此需要通过人工的方式予以权衡和判断。

当下短视频的出现刚好迎合了人民群众的社交属性与情感体验的普遍需求，短视频会填补他们工作生活之余的情感空隙。由于短视频依赖于互联网的大数据与算法推荐技术，从而在与传统媒体的对峙中占据绝对有利的地位。由此可见，传统媒体应提供情感服务，要符合受众个性化需求，可以让更多人享受更好的服务体验，此外，要对内容进行优化，提高内容的品质，提升受众参与度。短视频可作为传统媒体与新媒体融合发展的切入口。如今，我们急需在算法中融入价值观，平衡好技术与文化的关系，以多样信息、多元文化喂养价值观才会营养均衡，将利润置于社会整体利益之后，技术才能真正造福于人。

当前，传统媒体主要存在信息内容与表现形式单一、竞争状态下传统媒体价值迷失、传统媒体方面的专业人才不足、传受关系与媒介竞合失衡、传统媒体广告收入缩减、情感体验与个性定制欠缺等方面的困境。

媒介技术环境的制约、新媒体技术的发展，重构了时空感知，改变了传统新闻的传受关系，给传播领域带来了颠覆性的变革，同时也给传统媒体带来了挑战与风险。在互联网高度普及的当下，短视频媒体对人们生活产生了深刻影响。在这一背景下，传统媒体的发展重重受阻，用户和媒体的互动关系也日益复杂，因此传统媒体应深入探究媒介和用户之间的互动机制，更有效地发现传统媒体在融媒体时代的媒介发展路径。

第三章　媒介融合的发展历程回顾

在对媒介融合有了一个较为清晰的认识之后，接下来将回顾一下在世界范围内媒介融合经历了一个怎样的发展历程。对于媒介融合的发展简史做到心中有数，其意义一方面在于追根溯源，使我们做到知其然知其所以然，对事物的理解更为全面和透彻；另一方面在于使我们对后面各章的探讨有一个更深的领悟，在"鉴史""知今""展望明天"的基础上，承继性地审视媒介融合这一趋势和实践。本章分为媒介融合的产生背景、媒介融合的国外发展、媒介融合的国内发展三部分。

第一节　媒介融合的产生背景

一、媒介融合的技术背景

脱离技术的媒介融合是不存在的，技术是媒介融合的基础和保障。科技创新和媒介发展有着与生俱来的内在联系。技术创新是新媒介形态的"催生剂"，每次技术创新都伴随着媒介格局重构。

（一）数字技术实现媒介融合的资源共享

普尔（Pod）教授认为，"不同传播形态聚合的根本原因是电子科技的发展"。在数字技术尚未兴起前，不同媒体之间边界明晰、泾渭分明，平面媒体和电子媒体处于相互割据的分散状态。而数字技术发展后，以迅雷不及掩耳之势快速渗透至媒体领域，以"0"和"1"的简单数字形式存储处理各种新闻信息，消解了传统媒介原本清晰可见的边界，实现了不同媒体间的信息资源共享。与此同时，信息终端数字化悄然兴起，媒介内容在数字化媒介终端上实现了流动共享。

（二）网络技术衍生媒介融合的多媒体平台

数字技术是媒介内容共享的关键支撑。而网络技术则促进了多元化形式的信息在多媒体平台上的汇聚，构建起了包罗万象的“网络社会”。Web2.0 技术的发展，更是为媒介融合带来了新机遇，催生了播客、博客等全新的媒体形态。在网络技术强有力的支撑下，受众可以在互联网终端上获取各项优质高效的服务。如果没有网络技术的飞速发展，在媒体相互割裂的传统媒介时代构建媒介融合的多媒体平台就是遥不可及的梦。

二、媒介融合的行业背景

竞争是媒介融合的外部推力。随着行业市场竞争的加剧，传统媒介纷纷开始找寻新的发展生机以实现经济效益增长，这也直接推动了媒介融合的形成发展。

（一）新、旧媒体的优劣势要求不同形态的媒介的融合

传统媒体占据着内容优势，而新媒体占据着技术优势。媒介融合本质上是新媒体和传统媒体之间在竞争基础上的优势互补和共同发展。虽然传统媒体占据着信息资源，但单一化的信息展示形式、狭小的信息传播范围、单向性的信息传播方式，都让传统媒体发展处处受限，即便内容优质，也无法满足受众多元化、个性化的需求。而新兴媒体有着天然的技术优势，且兼具交互性、及时性、便携性特征，恰如其分地填补了传统媒体的缺陷。同样，即便新媒体占据着技术资源，但信息源不可靠，各种虚假信息鱼目混珠，导致信息质量良莠不齐，严重影响了新媒体的公信力，也不利于新媒体的品牌建设，如果新媒体能和传统媒体相融合，在传统媒体优质内容的加持下，信息源不可靠以及虚假信息丛生的问题将迎刃而解。

（二）媒介企业的竞争是媒体间融合的动力

作为资本市场的“理性经济人”，任何企业从事经济活动都是为了获取最大效益，传媒企业不外如是。通过缩减成本可实现效益增值。各产业组织之间通过融合共享资源，实现规模效应。资源联合使用创造的总产出，远远高于资源单独使用创造的产出之和，从根本上缩减了非必要的生产成本。

为了规避交易成本，企业会致力于寻求和产业链上下游企业之间稳定的合作关系，甚至会出现关联产业集聚的倾向。媒介企业通过扩大经营规模、扩宽经营范围、加强经营合作，来提升市场竞争实力，掌握市场“议价权”，力求将交易成本控制在合理范围内。还有部分媒介企业通过产业链纵向融合来规避交易成本。

三、媒介融合的受众背景

受众是媒介融合的内部驱动力。媒介本质上就是人的延伸，受众是媒体市场的核心，如果不是为了吸引受众注意力，媒介活动将毫无意义。任何的媒介活动都是为了满足受众需要，即受众是传媒经济活动的最终归宿。受众多元化、个性化的需求，是媒介融合的内在驱动力。

（一）便捷性需求要求媒介内容的共享

快节奏的社会生活下，受众的信息需求更加强烈，对信息内容的要求也更加严苛。受众希望能随时随地地获取高质量的信息，这就要求信息传播要突破时间和空间的限制，要求原本处于割据状态的媒介共享内容、共享资源，促进了媒介融合。通过媒介融合，受众可以快速地通过各个渠道获取高质量的权威信息，满足快速化、便捷化获取信息的需求。

（二）多样性需求要求多媒体信息的实现

根据马斯洛需求层次理论，当物质需求得到满足后，人类就会产生高层次的精神需求。在信息技术高速发展的互联网时代，媒体受众不仅要求能随时随地地获取信息，还要求获取更高品质、更权威的信息，更要求能以文字、图像、声音等多元化形式提升用户体验。为了满足受众个性化、多样化的信息需求，新旧媒体不得不优化组织结构，调动各种传播手段，探求转型途径，为媒介融合创造条件。例如，当报纸、杂志已经满足不了受众需求时，电子报纸应运而生，为受众带来了全新的阅读体验。

（三）个性化需求要求媒介产品的组合再分化

目前，大众化生产消费时代即将退出历史舞台，分众化时代悄然来临。在处处充满新生机遇的分众化时代，受众群体逐渐被“碎片化”，单一媒体也逐渐失去了“号令群雄，一呼百应”的强势姿态。要实现信息传播效果，就必须注重每一个个性化族群的独特特征以及单个消费者的心理需求。这就需要构建全媒体平台，实现媒介形态融合，从而优化整合被“碎片化”的资源。

第二节 媒介融合的国外发展

一、国外媒介融合的缘起和发展

“媒介融合”一词最早源于西方，21 世纪初，互联网、社交媒体、数字技术的出现打破了传统的媒体发展模式，加速了新闻传播业走向融合发展的脚步。美国皮尤研究中心（Pew Research Center）发布的一项研究报告中指出，当今社会正在经历三项传播科技所带来的深刻变革，即互联网技术的发展改变了传播信息的方式、4G 和智能手机的发展打破了受众接收和发送信息的时间和空间的限制、社交媒体的兴起使信息传播从传统的“点对多”模式发展成为“病毒式”传播。除了技术条件成熟外，政策法规方面也为媒介融合亮了绿灯。标志性的政策调整是美国国会通过了《1996 年传播法案》，法案取消了对传媒跨媒体（cross-ownership）经营的限制；同时，开放电讯、互联网和广播电视网之间的业务融合。于是，媒介融合在美国被正式提上日程。

根据美国西北大学的著名传播学者艾弗里特·丹尼斯（Everette E.Dennis）的观察和分析，美国的媒介融合演进经历了四个阶段。第一阶段是 20 世纪 70 年代末 80 年代初，媒介融合主要发生在大众媒体和其他产业间，这一阶段的媒介融合主要以市场为导向，以资源共享和规模效应为目标，并以并购和合作等形式来达成。例如，索尼作为电子制造业龙头企业从 20 世纪 80 年代开始进军电影产业，先后并购了哥伦比亚三星电影公司和米高梅电影公司，致力于将硬件生产和内容创作相结合，从而在市场中走在前列。第二阶段是以互联网的出现为标志，始于 20 世纪 90 年代，媒体融合理念兴起，并逐步被媒体产业和市场接受。第三阶段是 20 世纪 90 年代末期，在这个时期，出现了很多媒介融合的案例，最著名的莫过于 2000 年时代华纳和美国在线（AOL）的合并，标志着传统媒体和互联网的结合。同时，媒介融合不仅仅着眼于资本重组，也开始将内容生产纳入了融合范畴，探讨媒介内容如何实现跨平台的生产、传播和流通。第四阶段是进入 21 世纪后，随着媒介融合的深入，学术界和媒介产业方面的相关人士对媒介融合的实践进行了反思。例如，21 世纪初时代华纳和美国在线合并时，媒体和学界都是一片赞誉，而若干年后，在其实际运作中暴露出了不少问题，如经营策略和业务模式的滞后、企业文化的冲突等。

目前，媒介融合的研究并不仅限于英美等少数几个国家，而是广泛分布在世界各地，如奥地利、西班牙、德国、新加坡、罗马尼亚、瑞典等，证明了媒介融合这股潮流在国际学术界受到普遍重视，更印证了这股潮流正借着新技术的东风在各个国家纷纷开展。通过对奥地利、西班牙和德国三地的融合性新闻工作室的个案比较，可以发现在媒介融合过程中，有五点至关重要：市场环境、新闻编辑室组织架构、新闻制作工作流程和内容、改变管理方式和传媒人员培养新的技能、受众参与。

从绩效以及传媒企业经营产出的角度出发，可以发现数字媒体的融合应该要达到公司管理层面的高效、新闻产品用户在体验层面的方便、全球范围的互动和人际沟通的网络化，因此媒介融合的绩效应表现在传媒企业外部，而不仅仅是内部新闻编辑室工作方式的变化，更深远地说，媒介融合带来的是传播模式和生活方式的变革，以适应从工业化社会向后工业化社会（信息社会）的转变。

总而言之，西方的媒介融合经过了近半个世纪的探索和实践，积累了丰富的经验和教训。

二、国外媒介融合发展的趋势

汇总西方社会过去十余年的舆论信息资讯，不难发现媒介融合是其主流媒体未来主义的象征。它的存在不仅代表着对让人眼花缭乱的新技术的运用，同时还预示着西方主流社会思潮被借代了代表实现社会前进、经济进步、人人平等的特殊价值。西方媒介融合的发展整体呈现出技术引领、价值创造、品牌塑造、信息垄断等趋势。

在媒介融合、屏幕融合的大背景下，技术引领的全媒体融合发展体系已成为信息服务领域的发展的主要趋势之一，全媒体内容优质化对技术升级的需求越来越高。当今时代，数字媒体技术飞速发展，使各种媒体高度融入了人们的生活中。

技术发展对媒体使用行为产生了一定的影响，也对社会变革、文化、经济和政治等方面产生了影响。在物理技术进步的背景下，以及在信息技术复杂性的影响下，无论选用哪种方式，我们都可以更加方便地交流、互动、交易以及获取信息。

媒体的价值创造一直是其存在的主要意义。内容的追本溯源始终是媒体赖以生存的本道，它的内容价值体现在对受众流量的吸引力和号召力上，究其根本是内容本身所具备的价值。换句话说是信息的直接价值没有在网络上得到直接的体现，当互联网中新闻信息的数量达到了一定的限度之后，想要从中海量错杂的信息汪洋中遴选出有价值、有意义、有效用的信息，就变得非常困难，甚至可能需要承担巨大的代价。只有当每个消费者都认识到，要从海量的免费资讯中筛选出有价值的资讯时，所花费的时间是非常昂贵的，因为这是一种最珍贵的资源，它的价值才会被直接地展现出来，然后再一次被提及。

品牌塑造是媒介融合发展期间最明显的、最突出的一个趋势。通过对世界上历史悠久、负有盛名的一些上市传媒公司进行研究，不难发现如《华盛顿邮报》(The Washington Post)、英国广播公司（British Broadcasting Corporation)、塔斯社（Information Telegraphic Agency of Russia-TASS）等都已经建成了具有影响力的融合性多媒体体系，通过纸媒、广播电视、新闻客户端、社交媒体、交互媒体、门户网站等多渠道、多维度塑造具有影响力、公信力、传播力的企业品牌，而品牌名称如“华盛顿邮报”“BBC”等更大意义上已经是一种品牌标签，在受众心中形成一种影响。

在对《华尔街日报》进行研究后发现，《华尔街日报》通过与新媒体融合突破了原本纸质媒体受众的覆盖范围小、信息传播速度慢等局限性。从题材类型、内容出现的版块和发行量等方面进行改革，区分免费媒体与付费媒体，各种免费的信息传播成为一种主流和常态，内容免费，换取流量，流量转化广告，付费新闻模式演变为限制性更强的模式，与不同且更专业的内容密切相关，具有更高的附加值，相对来讲不易被竞争对手所轻易模仿，从而实现打造大型的复合型融合媒体的目标。

媒介融合发展的负面影响也不容忽视，随着媒介融合发展形成的巨型传媒集团容易形成信息垄断。媒体与垄断资本主义之间有着重要的关系。媒体机构向广告商出售的数据包括受众的信息和喜好，广告商所采买的已超脱了传统的地址等方面的信息，其更为重视的是受众形成的信息流量。

垄断媒体创造了流量产业，涉及信息行业和消费品行业。与数字技术的快速发展相关的现代媒体垄断格局的转变导致了社会领域的重大转变。数字媒体空间中发生的媒介融合的积极过程形成了跨媒体叙事形态。跨媒体叙事的产物通常是基于多个数字和传统平台的聚合广播，具有跨媒体特征，最符合当代信息消费者的心理特征，在这方面具有显著的影响潜力。因为传播信息主要是通过不同的媒体平台以及各种语言和语言外的手段，将现实和虚拟现实结合起来，产生一定的意义，可用于正面宣传和负面诋毁政治环境。

第三节　媒介融合的国内发展

一、国内媒介融合的发展阶段

我国的媒介融合自20世纪90年代开始，从最早的传统媒体上网，到传统媒体和手机、网络的融合，再到当前国家战略层面的传统媒体和新兴媒体融合发展，大致经历了三个阶段。

第一阶段，传统媒体上网阶段。我国自1994年接入互联网以来，报纸、广播、电视等传统媒体就开始了网络化的探索，各大媒体纷纷触网，通过建立网站，以网络版方式实现信息的网络化传播。《杭州日报·下午版》《神州学人》《中国贸易报·电子版》开启了我国报纸电子化的探索；随后，以中央电视台、广东珠江经济广播电台为代表的电视台、电台纷纷创办网站或提供网络信息服务，央视国际网站、新华网、人民网、中国广播网等新闻网站陆续上线。传统媒体借助网络优势建立网络版，是传统媒体数字化发展的起步阶段。

第二阶段，传统媒体和手机、网络等新媒体的融合发展阶段。随着网络环境的改善以及宽带市场的发展，传统广电媒体和报业媒体与手机、网络的融合进一步加深，网络电视、网络电台、数字报业进入快速发展期。IPTV、网络电视、网络电台、手机电视、移动电视等新媒体业务不断出现，丰富了广播电视的传播形式和渠道；传统报业也形成了以纸质报纸为基础，数字化、网络化内容产品齐头并进的发展格局，南方日报报业集团等大型传媒集团纷纷成立；同时，以优酷网为代表的民营企业抢抓市场机遇，以优良的用户体验满足用户的个性化需求，迅速在市场上立足。为促进传统媒体和新媒体的融合发展，2006 年《全国报纸出版业“十一五”发展纲要（2006—2010)》提出发展数字报业；2010 年 1 月 13 日，国务院常务会议审议通过《推进三网融合的总体方案》，将三网融合作为重要任务纳入国家发展战略；2010 年 5 月，国家广电总局印发《关于开办网络电台、电视台有关问题的通知》，为传统媒体开办网络电台、电视台提供了政策支持。

第三阶段，当前国家战略主导下的传统媒体和新兴媒体融合发展阶段。这一阶段主要是从 2014 年中央出台《关于推动传统媒体和新兴媒体融合发展的指导意见》开始的，在国家政策的宏观指导下，各级传统媒体和新兴媒体纷纷进行融合实践。这一阶段的主要政策要求是：顺应当前网络和数字技术发展的形势，坚持传统媒体与新兴媒体优势互补、一体发展，推动传统媒体和新兴媒体在渠道、内容、平台、管理、经营等方面的深度融合，提升新闻媒体传播力、影响力、公信力和综合实力，打造新型主流媒体。

与前两阶段不同的是，这一阶段不再是传统媒体各自独立的发展阶段，而是传统媒体之间、传统媒体和新兴媒体等各类媒体的全媒体发展阶段，通过媒介融合打破了信息生产与发布传播的时空维度、形态维度、主体维度和效能维度，实现全程媒体、全息媒体、全员媒体、全效媒体。

具体来讲，这一阶段又可以细分为以下三个阶段。

①初步探索阶段（2014 年—2018 年）。2014 年 8 月，经中央全面深化改革领导小组第四次会议审议通过，并由中办、国办印发的我国关于媒体融合发展的第一份政策文件——《关于推动传统媒体和新兴媒体融合发展的指导意见》正式开始执行。这项政策是我国史上首次从顶层设计的视角明确我国媒介融合发展思路总体布局。在我国，主流传统媒体担负着党的新闻舆论工作的职责和使命，这就要求我国主流传统媒体在同新兴媒体的融合发展过程中，要深刻领会当代新闻与新兴传媒的发展规律，加强网络思维与融合发展的观念，推动各种媒介资源、生产要素的有效、有机、有益整合，推动信息内容、技术应用、平台终端、人才队伍共享协同。《关于推动传统媒体和新兴媒体融合发展的指导意见》的发布落地，其深刻意义在于这一政策标志着我国的主流传统媒体逐步走向媒介融合发展道路

的开端。随着这一政策的推动落实，相关多部委发文，具体落实媒介融合发展推进细则。

2014年，《人民日报》把人民日报社全媒体新闻平台、人民日报社数据中心及人民日报客户端定为融合发展的三大项，建立了“中央厨房”。2015年全国两会时，该报针对“中央厨房”首次推出了一系列特殊的深度稿件、图表、视频、H5产品等，在新闻报道方法上进行了创新，取得了非常好的传播效果。

2015年到2016年对于我国媒介融合来说是非常关键的时期。2016年2月19日，习近平总书记对媒体融合方向作出指示，要求创建一批主流新型媒体。

2016年7月，国家新闻出版广电总局发布了广电系统首份媒体融合发展政策——《关于进一步加快广播电视媒体与新兴媒体融合发展的意见》；2017年1月，中办、国办结合移动互联网健康发展与媒体融合发展工作，出台了《关于促进移动互联网健康有序发展的意见》，对我国主流传统媒体与新兴媒体融合发展应贯彻的指导思想、应坚持的基本原则、应实现的总体目标等都作了明细的阐释，并明确了关于节目、制播、技术等9项重点任务，确定了对组织领导、政策扶持力度等方面的全面保障措施的出台、落地、执行。

2017年5月颁布的《国家“十三五”时期文化发展改革规划纲要》中，明确指出了这一阶段是我国实现全面建成小康社会决胜阶段，也是我国促进文化繁荣发展的关键时期。这就要求主流传统媒体要同新兴媒体融合发展，从而更好地促进全社会达成共同意识、营造和谐幸福的社会气氛，激发中华民族的活力与创造力。通过运用高新技术等手段，拓展文化传播发展的新领域，从而发展壮大网上的主流舆论阵地，并运用先进的技术发展和传播先进文化，从而实现提高人民文化开放水平，进而做到广泛参与世界文明对话。

在我国媒介融合发展的初步探索阶段，我国的各级各类主流传统媒体都针对媒介融合发展进行了广泛但并不深入的初步探索。其中一些党报、党刊、通讯社、广播电台、电视台建设了单位内部的由总编室管理和运作的融媒体中心，部分中央媒体、省级媒体探索构建了全媒体采编播架构平台、“中央厨房”等，推进媒介融合方案的制订。并且在这一过程中，出现了“澎湃模式”“中央厨房”模式等具有实践意义和推广价值的典型融合方案。“澎湃模式”是上海报业集团融媒改革的初步成果，该模式脱胎于原来的《东方早报》与新媒体融合形成的“澎湃新闻”，一方面，其充分运用互联网思维通过优质原创内容吸引用户；但另一方面，“澎湃模式”原创的内容对人力成本需求过高。“中央厨房”模式有效地解决了“澎湃模式”对人力成本需求过高的问题，使得新闻统筹协调水平大大提高，传播层次更加丰富。但同时一些媒体盲目跟风建设“中央厨房”，浪费了大量资源，且没有对党媒坚守舆论阵地的职责起到积极作用。

②快速发展阶段（2018 年—2019 年）。经过初步探索阶段的摸索与探求，我国“四级融媒”体系中的第四级县域层面的媒介融合发展暴露出了相对突出的重点问题。鉴于此，2018 年 11 月《关于加强县级融媒体中心建设的意见》落地。

该政策明确要求我国媒介融合要向纵深发展，并以县域媒介融合发展为抓手，指出在我国各县主流媒体的基础上组建县级融媒体中心，并实施机构改革、人事改革、财政改革、薪酬改革、优化媒体资源配置等方面的改革。要求各县级融媒体中心现阶段做到管理和建设同步开展、共同推动，要明确政治方向、把握好域内舆论价值导向，把社会效益与人民利益放在首位。

针对我国县级融媒体建设中遇到的突出激烈问题，2019 年 1 月，中共中央宣传部、国家广播电视总局基于《关于推动传统媒体和新兴媒体融合发展的指导意见》联合发布了《县级融媒体中心建设规范》和《县级融媒体中心省级技术平台规范要求》，进一步明确了我国在全域县级行政单位实行县域融媒体中心建设的具体方案及标准；随后，国家广电总局印发了《县级融媒体中心网络安全规范》《县级融媒体中心运行维护规范》《县级融媒体中心监测监管规范》三份指导性文件，对我国的县级融媒体中心建设过程中的相关技术标准提出了详细的要求。至此，关于我国县级融媒体中心的全部规范文件落地，为正确引导全国的县级融媒体中心建设形成了技术指导和考评要求。

③深入推进阶段（2019 年至今）。2020 年 9 月，中共中央办公厅、国务院办公厅结合我国媒介融合发展的现状与发展阶段，印发了《关于加快推进媒体深度融合发展的意见》。

这项政策首次提出我国媒介融合要做到“四级融合”的新表述。国家的政策强调，要坚持资源集约、合理结构、差异推进、协同有效的发展原则，完善我国融媒体发展布局，推动我国全媒体传播体系的建立和健全。依托于以往“四级媒体”的新闻媒体宣传执行经验，通过构建上至中央、下到地方、合为一体的宣传架构，解构融媒体中心建设中的纵向困局，打通不同媒体平台融合的“最后一千米”。要求加快推进传统媒体与新兴媒体在体制机制改革、政策措施落地、流程管理厘清、人才技术发展等方面的整合，在国内努力建设一批具有较强影响力和竞争力的新型主流媒体，逐步构建线上线下合为一体、内宣外宣相互联动的主流舆论传播格局，建立以内容建设为根基、先进技术为支柱、创新管理为屏障的全媒体传播体系。

目前，我国媒介融合发展政策执行走向深水区。融合发展的道路、方法、模式需要试点探索。2019 年 10 月，国家广电总局印发《国家广播电视总局关于创建广播电视媒体融合发展创新中心有关事宜的通知》，文件指出要在全国范围内选择最好、最适应发展的地方创建广播电视媒体融合发展创新中心，以改革创新的思路和措施，凝聚力量，深入钻研，强化实际运用，推动传统媒体与新兴媒体深度融合、一体发展。

此外，以 2020 年中办、国办印发的《关于加快推进媒体深度融合发展的指导意见》为发轫，2022 年党的二十大报告中对媒体深度融合发展提出了新的要求。报告中强调，要建设具有强大凝聚力和引领力的社会主义意识形态，牢牢掌握党对意识形态工作领导权，全面落实意识形态工作责任制，巩固壮大奋进新时代的主流思想舆论，加强全媒体传播体系建设，推动形成良好网络生态。媒体深度融合作为建设全媒体传播体系的重要过程，如何在机制体制创新、内容报道优化、技术赋能传播等方面不断出新、出彩面临着重要机遇和不小的挑战。

目前，我国媒介融合在社会各种因素的推动下，逐步转向高质量发展。专家认为，随着 5G 网络技术的普及，有助于改革服务方式、拓宽服务界限、提高服务效率，为未来的媒介融合发展带来巨大的变化。

二、国内媒介融合的新模式

目前，我国的媒介融合已经形成了四种新的模式与新的业态，具体分析如下。

第一，“中央厨房”模式。不论是以人民日报社为代表的聚合型“中央厨房”，还是以中国青年报社为代表的内控型“中央厨房”，都通过“三跨两化”（组织跨部门、产品跨终端、技术跨学科，资本集约化及渠道开放化）打造了媒介融合的一体化编辑部平台，实现了传播效果的立体化和最大化。

第二，“平台化融合”模式。以浙江报业集团为代表，该模式充分体现了内容生产方式的开源化变革，海量的用户资源，传播关系的移动化、社交化和多边优势互补等特点。新华报业传媒集团联合丝绸行业，在“交汇点”客户端上推出了“丝绸天下”频道；温州报业集团旗下的《温州都市报》联手保险行业推出了互联网保险平台——“温都保”；整合河南报业集团、大河网络传媒集团后诞生的“大河财立方”新闻客户端，都在“平台化融合”模式中具有标杆意义。

第三，“制播分离”模式。如最早的中央人民广播电台“音乐之声”节目，通过算法和为用户画像实现了新闻内容生产与分发渠道的分离。

第四，“混合所有制”模式。互联网企业借助资本的力量不断介入转型中的传统媒体，催生了国内“倒整合”的浪潮。对于此种模式，在肯定其贡献的同时，也要对资本逻辑可能侵蚀传媒的公共性保持高度警惕。

可以说，经过多年的发展，我国的媒介融合已经进入全面发力、深化改革、构建体系的新阶段，推进媒体深度融合处于战略机遇期和关键窗口期。

三、国内各省市媒介融合实践典型案例分析

（一）宁夏银川市媒介融合实践

宁夏的全称是宁夏回族自治区，其省会城市为银川是首批“国际湿地城市”，素有“塞上江南”的美誉，同时也是“一带一路”倡议重要节点城市，是我国面向中亚、西亚等国家地区的窗口。土地面积9000多平方千米，建成区接近200平方千米，下辖兴庆区、金凤区、西夏区、灵武市、永宁县、贺兰县，有6个工业园区。银川市可以说是宁夏回族自治区的政治、经济、文化、医疗、教育、科技等方面的核心区域，在西部地区有举足轻重的地位。葡萄酒产业是银川的紫色名片，截至2022年底，银川市酿酒葡萄种植基地总面积达26.2万亩（1亩约为666.667平方米），建成投产酒庄66个（其中列级酒庄37个），葡萄酒原酒产量5.4万吨（7 000万瓶），建成技术创新中心、重点实验室等科技创新平台7个，3A级以上旅游酒庄7家，酒庄年接待旅游人数达100万人次，产业综合产值达260亿元。

银川市媒介融合经验被称作“银川样本”，在全国范围内地市级媒介融合路

径尚在探索、经验欠缺、融合结果尚不明朗，融合过程当中困难重重的情况下，银川市融合工作已取得了一定的进展，媒体影响力得到增强，得到了中央宣传部的肯定，率先在全国范围内做出了榜样，引起业界和理论界的关注，有一定的典型性。

第一，机构融合——原单位撤销，成立银川传媒集团。银川市新闻传媒集团是由原银川日报社、银川市广播电视台于2016年共同组建的，现任党委书记丁洪，2021年担任中国人民政治协商会议银川市第十四届委员会第一次会议副主席。银川市媒介融合的具体内容如下：整合银川日报社、银川广播电视台，成立银川市传媒集团，依旧实行“事业性质、企业管理”模式，传媒集团属于市属事业单位，人员全部与传媒集团签订劳动合同，人员管理与企业管理两条线并行。银川市传媒集团改革后精简原有机构21个，重新组建20个部门。其中全媒体部门1个，新闻采编部门12个，技术服务部门2个。

第二，成立市级“中央厨房”、建立五大传播架构体系。在银川市传媒集团成立银川市市级“中央厨房”，对原有的银川日报社、银川广播电视台的传播渠道进行调整，建立五大传播架构体系：电视、广播、报纸、网站、新媒体。电视包括公共频道、生活频道、文体频道；纸媒有《银川日报》《银川晚报》；网站包括银川新闻网、银川广电网；广播包括新闻综合电台、交通台、城市经济台；新媒体涵盖内容以微博、微信等为主，形成新的以银川市传媒集团为核心的传播主体。

第三，打造“银川发布”客户端。银川市传媒集团联动下属县级融媒体中心，将资源、平台、应用素材等与县级融媒体共生公用，扩大功能影响范围，实现平台互联。银川市本着“移动优先”的发展策略打造了“银川发布”客户端，该客户端是以“政务+新闻+服务”为宗旨的自建手机应用平台，在手机应用商店中经过搜索便可进行下载。

该平台政务服务部分包括兴庆发布、金凤发布、西夏发布、银川市委人才工作局、银川市旅游广电局、银川交警6个政务平台，用户可以快捷地在网上办理相关业务。该平台还以各区县为单位发布相关新闻信息，能够做到新闻的精细化发布，对于不同区县的人定向精准推送。区县包括：兴庆、金凤、西夏、永宁、灵武、经开区毗邻地区等。同时，该平台还提供便捷的生活服务，包括交电费、查公积金、查路况、查水费、查公交、车辆年审保价、查航班、房贷计算、买电影票、当地旅游地图、查快递、天气预报，还有违章查询等，这款 App 还可以为外地人来这里旅游或者做生意、进行长期生活提供便利。生活缴费界面可以交取暖费、燃气费、水费和有线电视费，这与部分地区的人们仍要去营业厅柜台缴费对比来讲是质的飞跃，“便民、快捷、高效”的精髓在这款 App 里体现得淋漓尽致。

第四，银川市媒介融合的主要成就。银川市新闻传媒集团获得 2016 年度中国报业十大深度融合创新发展奖；“三网两端＋微博微信矩阵平台”获 2016 年度中国报业新媒体优秀创新项目奖；《红旗漫卷西风》项目获 2016 年度中国报业深度融合发展・优秀音视频奖；《大美银川》项目获 2016 年度中国报业深度融合发展・双十佳音视频奖；《匠心》项目获 2016 年度中国报业深度融合发展・优秀音视频奖；2019 年银川政务微博矩阵获新媒体融合传播创新奖。

对于银川地市级媒介融合的实践发展总结起来是：集中全力建设市级“中央厨房”，统筹协调资源配置，各家媒体单位组织机构及资源渠道整合形成新的媒体单位，是媒体优先外部融合的成功样本。

（二）山西阳泉市媒介融合实践

山西省阳泉市是三晋门户，地处太原、石家庄两个省会城市的中间位置，相距均为 100 千米。阳泉市总面积 4 559 平方千米，辖三区两县，常住人口 131.1 万人。作为全国著名的无烟煤生产基地，阳泉市利用煤炭资源优势，经济得到迅速发展，被誉为“小上海”。

阳泉市现主要有阳泉日报社和阳泉广播电视总台两家新闻媒体。《阳泉日报》是市委机关报，1947 年，伴随着“中共第一城”的创建而诞生，是山西省创办最早的地市党报之一，是中共阳泉市委直属正县级财政补助事业单位。阳泉广播电视总台的前身是阳泉市广电局，性质为阳泉市政府直属副县级财政补助事业单位，该局曾获“全国广播影视系统先进单位”荣誉称号，是山西省优秀的地市级媒体。在国家媒介融合的大形势下，阳泉市广电局、阳泉人民广播电台、阳泉电视台、阳泉市广电网络中心、阳泉广播电视报等 7 家单位整合重组成立了阳泉广播电视总台，并升格为市政府直属正县级财政补助事业单位，实行局台合一的管理体制。

目前，阳泉市市级媒体的融合依然处于电视、广播、网络小整合的状态，也就是报社和广电总台属于分别整合，还没有实现国家要求的媒体“大融合”。放眼山西全省，截至2021年中，山西省11个地市中，只有山西省晋城市和朔州市完成了报社、电视、广播等多部门、全方位的大融合——晋城市《太行日报》和晋城广播电视台联合成立了新闻传媒集团，经过两年多的运作，又成立了事业单位性质的市级融媒体中心和企业性质的传媒集团；朔州市融媒体中心整合了朔州日报社、朔州广播电视台、中共朔州市委宣传部新闻中心和朔州新闻网、朔州广播电视台市微波站、市教育电视台等7家单位，致力打造集声、屏、报、网、端于一体的新型主流媒体。其余9个地市普遍存在跟阳泉市一样的报纸、广电分别整合的情况。

阳泉日报社为金字塔形组织架构。纵向来看，最上层是社长，社长之下是第二层总编辑，社长负责行政，总编辑负责业务，都是正县级；第三层是副总编，报社共有5个副总编，分别负责编辑、记者、广告、发行、行政后勤的业务工作；第四层是总编室，总编室主任是编辑业务的主要把关人，总编室的编辑分别负责新闻版和各个专版的稿件编辑工作；与总编室平行的是采访部，采访部按照行业划分，负责全市各行各业的采访报道工作。横向来看，部门分类有政文部、城市经济部、农村经济部、摄影部、采通部、专版部、广告部等。在国家媒介融合的大形势下，报社的融合表现在增设了新媒体部门。新媒体部门算第四层级，业务上部分独立、部分依附。新媒体部有独立的渠道获取信源，并对信源进行加工处理，同时传统媒体部又不定时地提供素材给新媒体部，经过新媒体编辑人员的二次加工后对外发布。

阳泉广播电视总台为事业部型组织架构。纵向分三层，最上层是台长兼党组书记，正县级，全面负责总台工作；第二层由一名负责宣传工作的正县级总编辑以及三名分别负责宣传、经营创收、技术后期工作的副县级副台长组成；第三层是18个平行的内设部室，分别是由3人组成的办公室、3人组成的总编办公室、3人组成的人力资源部、4人组成的财务核算部、3人组成的经营管理部、4人组成的综合广播部、5人组成的交通广播部、4人组成的经济广播部、8人组成的综合频道部、7人组成的科教频道部、4人组成的新媒体部、7人组成的广告部、4人组成的节目编排播出部、6人组成的技术保障部、4人组成的机关事务部、10人组成的网络管理部、2人组成的无线发射传输部、2人组成的全媒体策划部。

从横向看，18 个部室平行承担了广播电视总台的宣传与创收业务工作，并各自由上一级部门负责。广播电视总台的新媒体部也是内设部门，不同于阳泉日报社的是，广电总台的新媒体部、网络管理部、无线发射传输部都是广电总台下属的部门，人员身份属于事业单位，但凭借其各自部门的优势，通过企业管理的形式运营，既搞好宣传又兼顾创收。新媒体部、网络管理部、无线发射传输部对外成立的公司分别是阳泉融媒文化传播公司、阳泉数字电视有限公司和阳泉无线数字公司，与传统的广告部一起开展广告创收、新媒体设计、产业布局等经营活动。同时，交通广播部、科教广播部和经济广播部都是为经营创收设置的内部部室。广播电视总台的组织架构相对打破了层级关系，并且一个突出的特点是，比阳泉日报社更加注重创收。

阳泉市市级媒体的融合过程，紧紧伴随着组织结构的优化。组织结构权变设计契合了融合的形势发展，则改革呈现良性循环，反之亦然。以报社和广电总台的新媒体部门为例，报社的组织结构呈金字塔形，新媒体部门是内设部门，即使有改革的意愿和动力，也因为层级关系很难有突破性发展；广电总台的组织结构是事业部型，相对金字塔形结构又改进了一些，广电的新媒体部门也是内设部门，但却同时成立了对外公司，通过举办车展、家博会等广告经营活动，不但创收任务完成率居全省前列，而且在探索建立“新闻＋政务＋服务＋商务”的运营模式上小有成绩，增强了自我造血能力。所以不难看出，组织结构的融合是媒介融合成功与否的关键所在。

（三）广东广州市媒介融合实践

广州是广东省省会，是世界级一线城市，又名“羊城”“花城”，2010 年举办了广州亚运会。2021 年 7 月经国务院批准，在广州市率先开展国际消费中心城市培育建设。广州地理位置优越，在中国版图的南部，从整个广东省来看位于中南部，是三江汇合处，往南走临南海，隔海与香港还有澳门相望，港珠澳大桥开通以后经济发展更加迅速，是海上丝绸之路的起点之一，属于广佛都市圈、粤港澳都市圈、珠三角都市圈的核心城市。截至 2022 年，广州地区生产总值达到 28 839 亿元。

广州市目前有 2 家官方媒体单位，分别是广州日报报业集团、广州广播电视台。广州日报报业集团成立于1996年，《广州日报》是全国最早自办发行的报纸之一，旗下主报为《广州日报》，还有《广州英文早报》《第一财经日报》《番禺日报》《岭南少年报》《篮球先锋报》等共计15张系列报，《南风窗》《大东方》等5家杂志社，1家出版社和2个网站，地址位于广州市越秀区人民中路。主报《广州日报》官微粉丝数达到1 000万、创办微信公众号30多个，构建了“报、网、端”全媒体矩阵。下面就广州市的媒介融合实践情况进行具体阐述。

第一，搭建《广州日报》融媒体平台。《广州日报》借助5G信息技术搭建全媒体传播中心，将采编与运营这两大主要环节同生产优质内容与服务用户需求两大主要目标紧密连接，实现传播力与传播效益的共同提升。2019年，《广州日报》编辑部建立中央融媒体平台，是“中央厨房”模式的复制，实现了集中指挥、资源内部协同共享、中心可调度、精细化管理的融媒体业务流程。《广州日报》融媒体指挥中心功能齐全，集成数据分析、直播中心、报道指挥、大数据中心。其中的数据分析模块更是量化显示了官微、客户端、公众号等方面的阅读转载情况；报道指挥模块可实现同时与8位不同地域的记者现场连线，实现声音图像的实时传送。

第二，搭建“5G”新媒体实验室。《广州日报》与联通广州分公司共同搭建“5G”新媒体实验室，将5G技术应用于传统媒体的智能化方向，通过VR、AR、无人机等设备配合《广州日报》客户端、微信公众号、官微、抖音等平台架设“新闻+服务”的传播模式。

第三，打造“花城+”移动终端。“花城+”App是广州市广播电视台面向广府文化人群打造的融合平台，集文化精品呈现、本地资源整合、社交互动三大功能于一体，聚焦市民生活方式，汇集本地文化精粹，通过年轻时尚的社交互动手段，立体化、多渠道地展示广州乃至粤港澳大湾区的地域人文精神和品牌形象。

第四，打造城市台App联盟项目。发起并召集由全国179个城市台组建的App联盟，以全媒体交互的方式促成城市台之间的信息交换、电视电商互联、媒体广告投放。179个城市成员台的手机客户端可以实现节目资源互通、广告互投及直播资源共享，确保在同一平台中文稿、网站、社交、移动等多媒体的融合生产和多渠道、多终端发布。这是一个由所有城市台成员共同参与打造的全国最强大的全媒体集群，每天可为各地的联盟成员提供上千条视频新闻。

第五，打造“花城 FM”App。花城 FM 是一款以收听电台为主要功能的手机 App，在这款 App 上可以听新闻、听直播，可以说，这是一款解放眼睛的 App，让用户通过听觉了解资讯。广州广播电视台按照广播与电视的划分分别上线了不同功能定位的 App，极大地满足了不同受众、不同使用状况的需求。

整体分析广州日报集团与广州广播电视台的媒体融合情况，可以发现两家单位各自以自身为圆心，向四周进行全方位辐射。首先，两家市属媒体单位分别建立健全了自己的融媒体中心，在媒体融合进程上双管齐下。从各自偏向的重点方向、形式、渠道上输出产品，彼此间处于竞争关系，形成了良性竞争的积极态势，有利于媒体的良性共生。这样做的好处在于暂时避免了由于机构融合重组带来的人员安置及部门裁撤的问题，但缺点是国家财政资金的重复投入、“中央厨房”模式重复建设、相同功能机构重复设置，造成了资源浪费和人员冗余。但这种方式是一种偏向缓慢推进的做法，不会打破已经形成的利益格局和市场格局。由于所处区域和获取的新闻素材等方面的因素的影响，各融媒体中心输出的往往都是同质化内容，只是播出形式、表达形式有所改变。此外，两家媒体单位分别打造了多款手机 App，包括花城+、花城 FM、新花城、广州日报，总结来看，App 过多装在手机当中会占据空间造成冗余，App 功能容易混淆影响用户体验；从使用者角度来考量，大众需要一款“一专多能”的 App，以提供新闻为主，以便民服务、政务办理为辅，集成化程度高、内容涵盖全面才能满足受众最终需求，增加下载量，争取核心受众占据主动权。

2016 年，广州日报报业集团媒体融合中央编辑部荣获“中国报业融合发展优秀案例奖”，其媒体融合路径总结为：优先在各家媒体单位内部建立融媒体中心，在不破坏外部体制人员编制的情况下实现对用户的全方位交叉覆盖，是优先内部融合案例的典型，广州市媒体融合路径虽略有不足但整体来看仍是成功的典范，为地市级媒体融合提供了参考样本。

（四）江苏苏州市媒介融合实践

苏州市，简称“苏”，古称姑苏、平江，是江苏省辖地级市、Ⅰ型大城市，上海大都市圈和苏锡常都市圈重要城市，国务院批复确定的长江三角洲重要的中心城市之一，国家高新技术产业基地和风景旅游城市。苏州市地处中国华东地区、江苏省东南部、长三角中部、太湖东岸，东傍上海市，南接浙江省嘉兴市、湖州市，西连无锡市，北依长江。苏州是拥有国家广电总局批复的地级市首家、全国第六家“中国广播电视媒体融合发展创新中心”称号的城市，为了更好地巩固苏州城市形象，基于以苏州名片讲好中国故事的客观需求，苏州自 2014 年至今先后实施了中央全面深化改革委员会、国务院办公厅、中共中央宣传部、国家广播电视总局等多部委出台的系列媒体融合发展政策。

第一，探索技术转型升级。国家广播电视总局要求各级媒体在推动融合发展的过程中，加快形成适合媒介融合发展的技术体系。攻坚网络信息技术，针对云存储、区块链、5G、4K 等核心技术开发和实际使用情况进行课题项目研究，从而完善以先进科学技术为核心的推动广播电视融合发展的技术支撑体系。

近年来，数字技术和 AI 智能高速发展，促使媒体融合发展在技术层面突飞猛进。苏州市广播电视总台坚持在关键核心技术的基础上探索自主创新，始终贯彻以先进技术引领驱动媒介融合发展的理念。探索自主研发 AI 人工智能实际应用、升级智能媒资分发管理系统、试点开发 AI 人工智能主播和新闻稿件三审机器人；同市大数据局合作利用区块链技术抢抓数字红包发放机遇；利用现有大数据平台为信息内容生产和媒体广告营销提供精准化、高质量的“数据赋能”。

从技术出发，先行试点包括 8K、5G、大数据存储、区块链技术、人工智能架构算法等新技术在传统媒体融合领域的开拓性、前瞻性研究和使用，有效增强技术研发拓展和技术转化落地能力。初步形成“一个体系，两个中台”战略架构，即将智慧广电建设作为体系工程，贯穿生产与传播。立足于智能媒体云采编播生产一体化平台、智能媒体内容多平台分发模块，探索围绕移动优先战略为核心的全媒体传播体系，形成了区域性的全媒体架构下内容、数据双合一中台运行能力，贯通内容资讯与用户数据定向资源，集中统筹管理全台内容资源的使用、发布。

先行拓展 4K、8K 超高清能力的建设，贯彻执行“4K 先行、兼顾 8K”的总体技术框架路径，分步、分阶段做好超高清视频采、制、播、存、管、分发的全流程能力建设。目前已经完成苏州广电 4K 超高清转播车建设，实现总台超高清转播能力升级，下阶段将探索超高清制播技术体系与高新技术的结合应用，尝试 4K 超高清制播体系与人工智能、大数据、人脸识别等技术结合应用。

同时，深入挖掘全媒体技术的集成、综合、整合、持续的研究开发能力，拓展人工智能、大数据算法等技术的使用场景，与互联网头部平台、领先企业携手合作，在短视频制播、数字化养老生态、数字城市服务、“广电＋科技＋文化”“互联网＋医疗”等领域探索全新的商业运营模式样板，强化技术驱动，培育数字文化新业态，加快整合媒体产业转型升级。

第二，发展各媒体间协作。《国家“十三五”时期文化发展改革规划纲要》要求推动媒体融合发展。文件中明确支持我国的各级党报、党刊、通讯社、广播电台、电视台发展和建设具有统一指挥调度能力的融媒体中心以及全媒体采编平台等“中央厨房”架构，做到重构传统新闻采编的生产流程，让传统媒体有能力生产全媒体产品，清晰明确不同类型、不同层级的媒体定位和作用。

苏州广电作为位居长三角核心区的地市级媒体城市台，应积极加强同周边各级媒体的沟通与协作。

在纵向维度，积极同中央以及周边的江、浙、沪、皖省级媒体单位构建合作沟通渠道，通过长三角一体化、沪苏同城化等国家战略的推动，寻找合作契机，针对区域性重大项目、重大新闻的报道与执行，着力探索合作协调机制。针对市辖区县媒体，做好新闻资源、技术资源、平台资源的共建共享，试点“记者站＋融媒体中心”合作模式。

在横向维度，积极同周边邻近的无锡、常州、南通、湖州、杭州、镇江等城市的市级媒体单位沟通协作，探索在中国（江苏）广播电视媒体融合发展创新中心框架下区域性主流媒体本地化战略协作，深入探索实施全网战略，加强智慧广电网络研究，持续提升传播效能。

第三，优化调整产业布局。国家广播电视总局明确要求各级各类媒体在融合发展过程中，要加快融合型经营体系建设。以高质量的内容和创新的平台为基础，发展用户付费业务。在整合发展的新领域，创新广告运营模式，培育新的业务增长点。对版权内容的价值进行深入的挖掘，对版权内容的产业链进行延伸，从而实现长尾效应。通过社会化媒体融合的传播力量，专注于节目和产品的粉丝群体，挖掘不同的粉丝群体潜力，拓展服务空间和行业价值。通过对广播电视节目信息资源的充分利用，从网络到网络，从网上到线下，努力在信息服务、电子商务、实体经济等方面实现盈利。

苏州市广播电视总台贯彻执行加快融合型经营体系建设的要求。实施苏州广电行业整合营销战略，以提升苏州传媒整体实力、服务政府宣传需求为主要经营目标，促进各种经营活动的协调发展。拓展付费服务市场、创新广告经营模式、深度探索版权内容价值、延伸版权内容产业链、经营节目和产品的粉丝圈、延伸服务空间和产业价值、开发从线上到线下的各类新型业务，实现从信息系统服务、电子商务开拓、实体产业经济等多个领域获得收益。同时深度介入苏州智慧城市建设，服务政府大数据工程开发与运维。

在传统媒体广告行业整体下行、经营压力持续增大的背景下，苏州广电以融媒思路优化产业布局，不断推动媒体经营创新升级，通过常态化的创意营销、活动营销、全案营销，提档升级服务能力，深耕苏州本地市场，奋力扩大社会效益、经济效益。

（五）浙江绍兴市媒介融合实践

绍兴市是浙江省的地市级，位于浙江省中北部，是长江三角洲27城之一，同时也是鲁迅先生的故乡，是以旅游业为支柱产业，具有典型江南风情的旅游城市，是首批国家历史文化名城以及联合国人居奖城市、东亚文化之都、中国优秀旅游城市、国家森林城市，截至2022年，常住人口为535.3万人。绍兴市的媒介融合工作极具特色，与前述银川、阳泉、广州等城市均有不同。

第一，机构整合实行“两块牌子、一套班子”。将绍兴日报社与绍兴广播电视总台合并组建绍兴市新闻传媒中心；将绍兴传媒报业集团与绍兴广播电视传媒集团合并组建绍兴市传媒集团有限公司，组建后的绍兴市传媒集团有限公司承担两家所有债权债务。绍兴市新闻传播中心与绍兴市传媒集团实行“两块牌子、一套班子”，即一队人在两个单位任职。同时削减管理层人员，由原来的4个正职、12个副职削减一半，变为2个正职、6个副职，薪酬奖励按照国有企业模式进行。考评方面由绍兴市国资委和绍兴市委宣传部共同进行。

第二，精简内设部门、重设采编框架。分别对行政、采编、经营3个模块的“科层制”组织机构大刀阔斧地进行扁平化改造，部分人员向采编、经营分流；采编部门根据生产流程和功能定位重新设置，裁撤原来的内设机构；经营公司进行同类清理整并。内设机构从49个压缩到25个，中层职数相应地由112个核减至75个，有效减少管理层级，降低运行成本，加强业务流程融合，提高管理效能。在采编序列设置调度中心、采集中心、编发中心、技术中心等5个虚拟中心，对应设立16个实体采编部门，部分是跨媒介的采编部门。“5个虚拟中心+16个采编部门”的框架设置，整合了原报社、原广电部分新闻资源、采编人员、技术力量，厘清了“指挥协调—新闻生产（采、编、发）—技术保障”的全媒体管理逻辑体系。

第三，打造“越牛新闻”客户端。“越牛新闻”客户端荣获“2020—2021年度全国优秀融媒平台10佳”，“越牛新闻”是绍兴市首个移动新媒体平台，是市委、市政府唯一官方新闻客户端，是由绍兴市新闻传媒中心重点打造，坚持“移动优先融合发展”的理念，创新移动端新闻表达方式，为绍兴市民发布最新资讯、策划各类报道、提供民生服务的手机客户端。“越牛新闻”客户端也可以在手机应用商店进行下载。“越牛新闻”客户端上线以后仅仅一年多，用户量就激增至420万。

“越牛新闻”客户端内容丰富，“新闻+便民+政务”是其主要内涵。在“越牛新闻”客户端界面可以看不同形式和不同领域的新闻内容，也可根据自身喜好进行定制。其中包括视频、健康、人防、爆料、观点、房产、相亲、卫视、体育、金融、漫画、人大、应急等多方面的信息。在本地服务界面，可以根据自身所在地进行新闻定制，该页面主要是以区县为划分依据，注重发布本县信息，包括绍兴越城、柯桥、上虞、诸暨、嵊州、新昌等地区。赏越页面属于历史文化类，包括越词、越诗、越名、越墨、越戏，以动画和视频的形式增强其娱乐性，增强用户黏性，对于青少年的知识科普有很好的效果，也从侧面说明了“越牛新闻”注重边缘受众，从用户黏性角度来讲，边缘受众反而有可能成为其核心受众。服务页面包含政务、问政、生活、文化、爆料、健康等方面。其中政务方面包括直连政务网、干部教育网络、政务办事、政务公开、政务两微；问政包括结婚预约登记、企业查询、学历查询、台风路径、发票查询；生活服务包括公交查询、公共支付、公共自行车、航班查询、火车查询、自助订阅、楼盘、征信查询、房贷计算器；文化方面包括剧院演出、VR旅游、绍兴云教育、浙里好玩；健康部分包括寻医问药和名医堂。

“越牛新闻”客户端新闻更新速度快、阅读方式多样、呈现形式全面，在公共服务方面集成日常生活中所需的便民服务，相较于广州市打造的4款App，集成化程度更高，可以做到一次下载全程受益。

第四，改革薪酬方式、改革人力资源管理。由于原广电、原报社人员收入差距较大，绍兴市新闻传播中心试行过渡期制，做到逐年平衡、三年并轨。对于员工实行同岗同酬，在年终体现差异。同时，绍兴市新闻传播中心拓宽人员晋升通道，除了行政职务晋升外，对首席记者、首席编辑、首席评论员等岗位员工增发绩效，改变唯职称论、唯学历论等思想。据“越牛新闻”2021 年 8 月报道，绍兴传媒计划投资 14.5 亿元建设绍兴传媒新大楼；投资 600 万元建设数字媒资系统，实现云计算等高新技术的运用；计划投资 2 260 万元采购“5G + 4K”超高清电视转播车，向超高清电视转变。绍兴市积极响应国家政策实施媒体融合，从组织机构、干部体系、人员薪酬、人员编制、技术体系 5 个方面推进原广电、原报社人员方面的融合创新，并且在融合后实现年营收 4.04 亿元，从整个国内地市级媒介融合的情况来看，还没有能达到这种营利能力的单位。绍兴市的媒介融合为国内其他地市级媒介融合打了一剂强心针，为国内媒介融合树立了融合新样本。总结起来，绍兴市实行的是组织融合路径，将原有两套组织融为一体实现融合，达到盈利的最终结果。

（六）山东德州市媒介融合实践

德州市，简称“德”，古称安德，山东省辖地级市，地处中国华东地区、山东西北部、黄河下游冲积平原，是山东的西北大门，北临河北省沧州市，南接济南市、聊城市，西邻河北省衡水市，东连滨州市。德州市有市属媒体 3 家：《德州日报》、德州市广播电视台、《德州晚报》，共有从业人员 870 余人，3 家媒体除传统的报纸、广播、电视外，均有微博、微信、客户端、抖音等新媒体传播矩阵。目前，德州市级层面建成了两大融媒体平台——德州市广播电视台融媒体平台和德州日报融媒体平台。

德州市媒介融合的过程可以分为纵向和横向两个层面。纵向上，主要表现为层级之间的技术联动，依托省级融媒体平台的技术支持，一体推进市县两级融媒体中心和平台建设，构建省市县三级贯通的一体化传播矩阵；横向上，注重主体之间的资源协同，组建融媒体中心，推动主流媒体之间、主流媒体内部进行机构整合、流程再造、功能拓展，推动主流媒体和商业平台合作，构建多平台联动、多渠道分发的全媒体传播体系。

第一，纵向维度：层级之间的技术联动。技术架构是融媒体中心的重要支撑。

对于市县媒体来说，一般没有自主开发软件系统的能力，所以大多是借助第三方技术架构和平台。例如，由省级媒体搭建统一的技术平台，市县媒体接入省级平台，由省级平台负责迭代升级、后台维护工作。这样的技术架构一方面便于省级媒体对工作进行统筹管理，另一方面也能帮助基层媒体解决技术能力不足的困境。山东省便是依托省广播电视台建设了全省统一的“闪电云”平台，为市县融媒体中心提供了技术支持和公共服务。

德州市按照省委统一部署，在县级层面，德州市11个县级融媒体平台全部入驻省融媒体平台，县级平台负责内容生产、审核、分发，省级平台负责提供采编发技术与运营支持；在市级层面，以市广播电视台为中间节点，建成市广播电视融媒体平台，对上做好与省级媒体的畅通连接、对下实现与县级融媒体中心的共融互通，形成了自下而上“三级联动”的新闻素材库和生产链，满足了县级媒体对于信息资源共享、新闻素材外推的需求，提升了新闻生产效率。

第二，横向维度：主体之间的资源协同。媒介融合是资源整合、共享的过程，包括媒体资源的整合和公共资源的联通共享，通过机构整合、流程再造、平台联通、经营管理创新、政策支持保障等措施，发挥各类媒体、媒介要素、平台的资源优势，提高主流媒体的信息生产和服务水平。

其一，媒体资源的整合。内容生产与分发是融媒体中心内容建设的基本。传统媒体内容生产与分发都是分开的，如记者、编辑是内容生产主体，报纸、广播电视也有其固定的发行、传播模式和渠道。媒介融合打破了这种传统的单一分发模式，通过机构整合、流程再造、平台协作，打破媒体之间、媒体内部各生产要素单打独斗的局面，打破各自独立的采编、生产与发布系统，在统一的指挥调度下，推进新闻要素深度融合、报道资源充分共享、媒体之间互联互通，然后根据不同产品的目标受众特征，向各类平台分发推送，实现信息“一次采集、多种生成、多平台传播”。

①推进媒体机构的整合和重组。在县级层面，整合县域报纸、连续性内部资料性出版物、广播电视及所办新媒体，组建成立融媒体中心，配备集中办公场所，作为县委直属公益类事业单位，归县委宣传部领导。在市级层面，融合媒体内部资源，整合相关部室，组建融媒体中心。

②推进业务融合和流程再造。在融媒体中心内部，规划统一的融媒体工作流

程，设立一体化的新闻信息采集中心、编辑中心，建立具备集中指挥、采编调度、高效协调、信息沟通等基本功能的全媒体指挥调度机构，打通策、采、编、发、评全流程，打通纸媒、频道、网站、新媒体等各端口，实现“一次采集、多种生成、全媒传播”。

③推动多平台联动传播。在终端建设上坚持移动优先，集中力量打造移动客户端，借助移动传播优势，占据思想引领、舆论引导、文化传承、服务人民的传播制高点；加强和商业平台的合作，在微信、微博、抖音等商业平台开设官方账号，提升主流媒体的传播力；同时结合不同地区、不同职业、不同年龄段的受众需求，综合运用报纸、电视、广播、新闻网站、电子阅报栏、手机报、户外大屏、农村大喇叭、数字化电梯服务终端等平台，发挥各终端传播优势，形成分众传播、分类覆盖的格局，实现受众规模的最大覆盖。

其二，经营管理改革。在注重内容生产和服务供给的同时，各融媒体中心也开始逐步推进内部改革，通过创新体制机制，破除原来的一些经营发展、内部管理的障碍，激发融媒体中心的发展活力。

在经营模式上，坚持采编、经营两部分分开，探索市场化的运营模式，通过“中心＋公司”的做法，统筹内容生产和媒体经营一体化发展，形成采编、经营相互支撑的工作机制，对外承接活动举办、广告设计、会展交流、装饰装修等业务，增加经营收入，增强“造血”功能，实现可持续发展。

在薪酬分配上，探索建立以绩效考核为基础、同一标准的内部激励约束机制。实施全员绩效考核，统一评等标准，做到按绩升职、定期考核、按劳取酬、同工同酬，逐步实现人员由身份管理向岗位管理的转变。在人才培养上，深化人事制度改革，完善聘用制度、岗位管理制度，打造采编、经营、技术、管理等共融互通的人才队伍，组建全媒体编发团队。

（七）云南临沧市媒介融合实践

临沧市位于我国边境，因濒临澜沧江而得名，北回归线横穿辖区南部，澜沧江、怒江流经辖区东西两侧，占地面积为23 620平方千米，其中，山区面积占97.5 %，辖1区4县3民族县，总人口约225.8万人，其中彝、佤、拉祜、傣、布朗等23种少数民族占总人口的38.22 %。

临沧的特点可以概括为“四乡四都四地四城”，四乡为古茶之乡、药材之乡、美食之乡、温泉之乡，四都为恒春之都、阿佤之都、锗矿之都、高岭土之都，四地为通道之地、边贸之地、游学之地、康养之地，四城为水电之城、森林之城、坚果之城、微电影之城。

2021 年上半年，全市实现地区生产总值 383.82 亿元，增长 8.5 %；完成地方一般公共预算收入 23.05 亿元，增长 16.8 %；500 万元以上固定资产投资增速 21.3 %；完成社会消费品零售总额 171.87 亿元，增长 25.3 %；城镇人均可支配收入 14 479 元；农村常住居民人均可支配收入 6 991 元，分别增长 11.0 %、14.2 %。下面就云南临沧市媒介融合实践情况进行具体阐述。

第一，整合临沧日报社与临沧广播电视台。临沧市原有两家市属媒体单位，分别是临沧日报社、临沧市广播电视台，将两家媒体单位合并成一家，组建临沧融媒体新闻社，继续履行原单位职能，由临沧市委宣传部进行领导。目前临沧市已形成“两报两台三网、两微一端、三屏一刊”的市级主流媒体新格局（“两报”即《临沧日报》和《临沧手机报》，“两台”即临沧人民广播电台和临沧市电视台，“三网”即临沧新闻网、亚洲微电影网、临沧文明网，“两微”即“临沧早八点”“今日临沧”2 个微信公众号和名为“临沧日报的微博”账号，“一端”即临沧融媒 App 客户端，“三屏”即“临沧融媒”和“临沧发布”抖音号、快手号以及“大美临沧”H5 手机页面、“临沧融媒”人民号等，“一刊”即《创新》杂志），新闻资源得到有效整合。

第二，优化机构设置。临沧融媒体新闻社遵循党管媒体原则下设 5 个党支部。将原临沧日报社、临沧市广播电视台机构统筹规划调整为 19 个科室部门，包括公司办、组织与人事部、财务部、全媒体总编室、全媒体采访部、全媒体评论部、报纸编辑部、广播编辑部、电视编辑部、新闻网编辑部、移动端编辑部、新视听编辑部、对外联络部、综合节目部、品牌管理部、大型活动部、发展规划部、播出传输部、技术保障部。

第三，打造“临沧融媒”App。“临沧融媒”是临沧融媒体新闻社打造的综合性生活服务平台，有最新的临沧市资讯，同时还提供便捷的生活服务。主打“新闻＋便民”，可接收和推送精品新闻和重大事件，使用户能够第一时间获得一手资讯，同时其互动性强，可供用户对事件发表观点或者进行吐槽，也可以与其他用户进行意见的碰撞。通过这款 App 可以第一时间获得国内与本地的时政、财经、汽车、房产、娱乐等方面的相关信息。

第四，与上海市崇明区展开共建。临沧市融媒体新闻社与上海市崇明区融媒体中心签署共建合作协议，意在两地加强联系、优势互补，共同发挥各自所长引导舆论。临沧市融媒体新闻社与崇明区融媒体中心共同搭建平台，崇明区融媒体中心将在人才、技术、资源方面对临沧融媒体新闻社提供帮扶，实现两地融媒体优势互补、合作共建，共同服务地方经济文化社会发展。两家单位建立了合作共享机制，在滇沪媒体融合领域成为先河。临沧市融媒体新闻社借助一线发达城市发展好的融媒体中心发展自身，注入外部力量，实现发展渠道的拓宽，保证自身持续、高质量、跨越式发展。

2019 年，在中国（临沧）边境经济贸易交易会上，临沧融媒体新闻社所属报、台、网以及新媒体整体联动，全员上阵，临沧融媒体新闻社所属媒体共刊发、播出、推送稿件 89 条，累计点击量达 456 922 次，原市委书记杨浩东对此次媒体表现给予高度评价和肯定。临沧市的媒介融合路径与前述城市的融合路径有相似也有不同之处。临沧市整合临沧日报社与临沧广播电视台时走的是组织融合路径，在组织架构层面将两家单位合二为一，之后统筹规划根据成立后的临沧融媒体新闻社的需求再次整合社会机构，这一点与绍兴市融合路径十分相似。此外，临沧市积极寻求外部发展途径，借力发达城市融媒体中心学习先进经验，通过内容资源互通达到发展自身的目的，是外部融合的路径。

（八）河南信阳市媒介融合实践

信阳市，古称义阳、申州，河南省辖地级市，位于鄂豫皖三省交界处、河南省南部，处于大别山北麓与淮河上游之间，北接驻马店市，东邻安徽省阜阳市、六安市，南邻湖北省黄冈市、随州市和孝感市，西衔南阳市。

目前，信阳广播电视台内设办公室、计划财务部、人力资源部、总编室、新闻部、技术部、广告部等 20 余个内设部门，下设信阳电视转播台、信阳市潢川电视转播台、信阳市罗山广播电视微波站 3 个二级机构。近年来，信阳广播电视台在融合媒体改革方面始终紧跟互联网发展步伐，先期建设有新闻网站、手机台等新媒体模式。

第一，试行广播节目直播化。《声动 890》是深受信阳人民喜爱的一档综合类广播节目，该栏目于2020年底，在栏目自办公众号下增加“云广播”功能，使得听众变观众，不受收听场景限制，由听广播转变为看广播。粉丝与栏目主持人可进行积极互动，由此衍生出的“粉丝经济”不失为新的经济增长点。

第二，推出短平快的新闻速览板块。时政新闻部在如期完成《信阳新闻联播》频道播出的同时，浓缩节目内容，制作出每期约3～5分钟的短视频，通过微信、抖音等客户端分享。如此使得受众只要有手机，即可通过网络在短时间内速览，大大提高了新闻的传播效率。

信阳广播电视台在媒介融合发展道路上积极探索，除在群众喜闻乐见的“短视频”、线上直播等方式上进行转变外，在人员调配及技术积累方面也在不断推进更新。

（九）内蒙古乌海市媒介融合实践

乌海市在内蒙古西部，总面积1 754平方千米，总人口55万，地处黄河上游，东临鄂尔多斯，南连宁夏银川，西接“苍天圣地”阿拉善，北近河套沃野，是华北与西北的接合部。

随着媒介融合向纵深方向发展，乌海市级媒体全体干部职工思想统一，“融合”理念深入人心。他们已经深深认识到媒介融合是媒体未来发展的必由之路，个人和组织必将进入媒介融合发展的大潮中，个人价值的彰显以及主流媒体的公信力、影响力、传播力、引导力作用的发挥需要在媒介融合中得以实现。

第一，立足实际，建立自身融媒体平台。在乌海市媒介融合实践过程中，其走的也是“内部融合”路线，即在各家媒体单位内部建立自家的融媒体中心，优先整合内部资源。

乌海日报社于2019年1月建设了内部的“中央厨房”，并且“中央厨房”等核心硬件已经投入使用，与“中央厨房”相配套的基础设施也已经完成改造并投入使用；乌海市广播电视台建设的“供稿平台”，可对新闻节目进行统一采集、制作、播出、分发，实现素材一次采集、多频道共享、多渠道分发。通过建设“供稿平台”，实现广播、电视和新媒体新闻编辑制作内容共享、共同使用。同时，搭建广播电视和新媒体协同生产系统，增加微信文章编辑、图片剪辑、H5模板库、数据类制作工具等；搭建新闻生产新体系，形成三级多数据中心、差异化素材提供的多级生产架构，建立起“先网后台”的发布机制；乌海市融媒体中心与新华网股份有限公司合作，打造“中央厨房”大数据平台，即时在线显示中央、自治区及本市主要领导动态，全网热点、全网热搜和新华睿思舆情监控分析情况，此外，移动端“智融”已经实现视频连线等功能。

无论是“中央厨房”还是“供稿平台”，其本质都是将素材纳入全媒体数据库根据分发需求进行取用，可进行二次编辑，属于“中央厨房”功能。乌海市3家市属媒体单位均建立了属于自身的“中央厨房”，拥有了自身的融媒体平台，形成了立体化的融媒体生产精准传播格局。

第二，多管齐下，融媒体人才培养取得成就。乌海日报社人员一直紧缺，在2018年通过内部机构调整充实了新媒体采编力量，在2019年加快推动人员向全能型、融合型转变。首先是要在观念上有所改变，乌海日报社邀请内蒙古日报社、人民日报社等单位专家进行授课，同时由日报社领导带队和派人到兄弟报社交流媒体融合发展业务经验，学习先进的人才培养经验，“送出去、请进来”，积极开展业务交流学习，推动人才队伍向全能型转变、媒体向全媒型转变；其次，在人员严重紧缺的情况下，通过队伍建设，把人少的劣势变为人员精干的优势，实现了工作高质量发展。

乌海广播电视台融媒体中心人员数量已从最初的3人增加到了20人，同时电视台自行解决了融媒体工作场所不足的问题，保证融媒体建设进程顺利进行。电视台积极参与到乌海市的人才引进计划工作中，通过申报急需紧缺人才引进方案解决台里缺乏高技术人才问题。为提升人员技术素养，打破了专业人员外出培训相关费用报销的政策限制，加强内部专业技术人员的培训工作，加大对内部职工的培养力度，积极争取财政支持。同时，加大职工培训工作的广度和深度，采取多层次、多途径、多方面的培训手段，提高人员素质。乌海广播电视台在自身培养人才的同时也注重积极引进人才，内部“造血”与外部“输血”同时进行。

乌海市融媒体中心在人才队伍建设方面的重点之一就是吸引、留住人才，通过优化薪资条件和制定优惠政策来吸引专业人才落户，有了人才也就有了技术，有了技术也就有了媒介融合发展的基础。通过线上线下两种方式对融媒体从业人员开展集中培训。线上通过购买网络教程、一对一或一对多网络教学等方式学习理论知识，线下通过聘请自治区、市级专家集中培训摄影摄像等方面的实操技能，培养出一支素质高、本领强、能力足、专业精、技术全的融媒体人才队伍。

乌海市 3 家媒体单位在融媒体人才培养方面立足于各单位的实际情况，让本单位人员外出学习先进的知识经验，学成归来后利用所学的知识经验建设自家单位。此外，通过对比发现各单位的人才培养方式虽然略有不同但都满足了融媒体发展需求，且各单位从业人员基本适应了融媒体的工作环境。

第四章　现代媒介融合的基本形态

当下社会，新媒体的应用对民众的生活影响越来越普遍。在国家政策层面，新时代对我们的社会发展提出了新的要求，习近平总书记强调，“要运用信息革命成果，推动媒体融合向纵深发展，做大做强主流舆论，巩固全党全国人民团结奋斗的共同思想基础，为实现‘两个一百年’奋斗目标、实现中华民族伟大复兴的中国梦提供强大精神力量和舆论支持。”由此可见，媒介融合不仅是一种重要的新媒体形态，更是社会未来发展不可阻挡的趋势。结合媒介融合的定义及发展趋势，根据其发展和聚合程度，可以将媒介融合分为内容融合、网络融合和终端融合三种形式，并且每种形态之间是相互依存的。本章分为内容融合、网络融合、终端融合三个部分。

第一节　内容融合

一、内容融合的概念

内容融合在媒介融合的生态系统中占据着非常重要的地位，它是媒介融合实现的资源基础。我们可以从物理和人文两个方面来理解内容融合的内涵。

首先，从物理层面来看，文字、图片、音频、视频等都是信息内容的表现形式，在技术不可行的条件下，它们彼此是无法实现互融的，承载这些表达方式的运营媒体也是各自为政、互不联系。报纸、杂志、广播、电视四大传统媒体都有各自的信息内容、生产方式和固定的受众，传播范围被局限在很小的领域内，偶有通过组合的方式加强传播效果，但也是微乎其微。网络技术和数字技术发展之后，文字、图片、音频、视频都可以转化为以“0”和“1”组成的数字格式，这种数字符号可以进行不同的排列组合，从而使得信息内容在网络空间中实现大融合。融合之后的信息内容就能实现跨媒体、跨平台的应用，即同一内容的多产品开发。

其次，从人文层面来看，所谓“分久必合，合久必分”，融合与分化其实是相伴而生的，很多学者在研究媒介融合的时候都只关注到了融合，而对于融合基础之上的分化鲜有研究。由于受众需求多种多样，决定了信息内容的呈现方式不可能千篇一律，分众化显示与传播是必然的，这就造成信息内容产品的多层次和多类型的展现。依托数字化终端，不同内容又可以在同一终端再次实现融合，满足受众对信息内容的多样化及一体化的需求。

媒介的内容融合是通过多种方式来实现的，其主要分类也是根据内容的来源和形态来划分的。根据融合内容的来源，媒介内容融合可以划分为报纸、杂志、广播、书籍、电视、互联网等，即不同媒介的信息内容既可以被自身利用，也可以供其他媒介使用；根据融合内容的形态，媒介内容融合可以划分为文本、图片、影像、声音，即同一种信息可以被制作成不同的媒介形式加以使用和传播，而这些都要以新的传播技术为前提，所以新兴的传播技术是内容融合实现的基础。媒介内容融合，主要是传播手段的融合，大范围的传播手段融合是媒介内容融合的“最高阶段”。所以，理解内容融合的内涵我们需要牢牢把握住两点：第一，信息技术高度发展的今天，数字化是信息内容高度融合的前提及归宿；第二，内容融合与分化不可割裂开来，两者在信息传播过程中联系紧密，受众的需求是联系两者的桥梁，是不能忽略的一个重要因素。

二、内容融合的特点

（一）内容创作精细化

从内容创作层面分析可以看出，媒体报道在内容创作上向纵深发展，媒体作品内容呈现向多元化方向发展，打造出众多精品力作。这主要得益于两方面，一方面，宣传报道内容向精细化发展，视角选择丰富多样，同时内容立意深远，增强了报道的宽度与厚度。另一方面，内容制作适配不同场景，打造不同风格，实现多样化传播。首先，媒介对活动的整体进程进行了详细的跟进与报道，从活动最开始在各平台上发布，平台动用图片类、直播类、文字类等多种类型手段，对活动新闻中心的新闻发布会进行持续跟进与报道，在之后筹办的包括各种仪式、演出、中外记者见面会、第二场新闻发布会等相关活动中都利用多种形态进行了翔实的跟进与报道。其次，历史题材的新闻要以历史为轴，从史实角度出发开展宣传报道，以先进人物、重要事件、伟大精神、伟大成就、人民美好生活为线，将宣传报道贯穿于各个阶段，贯穿于不同历史节点。

（二）内容制作场景化

在制作过程中适应不同平台的场景适配要求。因此，各平台对于不同内容的加工，其目的是使其传播内容匹配平台营造的不同场景，加深受众对于场景的感知，拉近平台与受众之间的距离，从而加深受众对于平台或是“场景”的忠诚度，进而使受众将某个适配平台作为其获取信息的第一选择。例如，微博、微信、抖音等移动社交媒体平台在内容的创作过程中迎合新媒体平台碎片化、快速化的传播趋势，报道内容多遵循小切口，大立意的原则，以点带面，语言风格追逐年轻化、潮流化，用年轻人喜欢的语言讲好中国故事、讲好党的百年历史，同时积极保护亚文化，可以将动漫形象、沙画制作、MV 等融入传播体系中，引领文化前进方向，走在中国文化的潮头。内容融合过程中要匹配不同年龄段受众的喜好，实现新老融合、文化融合。与之不同的是，人民网客户端等新闻属性较强的平台在内容创作过程中则更偏向传统类型的新闻报道模式，保留主流党媒严肃庄重的报道风格，文字使用更为考究，理论深度更为深厚。除此之外，同一平台对于不同场景在内容创作中也会表现出不同的风格，如微信平台在 2021 年 7 月 1 日发布的两篇报道，一篇是介绍建党百年伟大成就的图片海报，题为“庄严宣告”；而另一篇是描述活动当日场景的剪辑视频，题为“这些瞬间，让人心潮澎湃”，这两种风格的内容适配不同的场景。

（三）形式补充内容的优化融合

媒介融合使得报道形式多媒体化，从某种程度上说形式和内容是相辅相成的，往往形成内容决定形式、形式补充内容的关系，无论形式还是内容的变化都是为优化融合效果而服务，如有关医护人员的新闻报道，最好要有脸部、手部等特写图片，清晰的现场实图胜过文字中的“勒痕”“消毒液腐蚀”等词语，一定程度上就是对内容的补充，优化了具体传播内容，挖掘了媒介融合的潜能。所以，最终要靠优质内容来凸显效果，通过多个平台的内容融合丰富报道主题，呈现出立体的人物形象，并且通过形式补充内容达到优化传播效果的目的。

三、内容融合存在的问题

（一）内容原创性不足

新媒体时代的到来，使传媒格局发生了变化，媒体在竞争中不断推进融合。传统媒体受到互联网的冲击，坚持“内容为王”是推动传统媒体发展的重要支撑。在新媒体时代，用户信息消费习惯虽然发生了改变，但对优质内容的关注从未改变。坚持“内容为王”始终是传统媒体不变的追求。因此，媒体中心必须坚持“内容为王”的理念，努力提供独树一帜的原创内容，加强内容原创，提升内容品质，提高媒体运营能力，实现用户与平台的高效互动。优质的原创内容是提升媒体中心核心竞争力的制胜法宝，原创能力决定内容品质，但不少媒体不够重视内容原创。这体现在以下几个方面。

1. 对新闻素材进行粗略加工

很多媒体中心对报道内容只是简单地加工合成，不善于整合资源，造成了内容同质化现象严重，如转载广电、报纸等传统媒体的报道，或者直接采用当地政府职能部门的公告，无法实现与用户互动的良性循环。

2. 选题角度缺乏创新

差异化内容较少，很多媒体的报道内容为领导会议、部门工作信息等，对本地的特色、群众精神文化活动等关注度不高。此外，很多媒体生产的内容仅仅停留在浅层次，采用填鸭式的内容撰写方式，未能形成自己的风格和特点，这样会增加内容雷同的风险。

3. 原创意识淡薄

未借助好平台实现内容的互通互联，纵观媒体中心的实践，虽然实现了内容的跨媒体传播，但是背后却暗藏着内容同质化的风险，如记者对素材的再加工，并没有结合亲身实践，而是进行表面的内容加工，再发布于各个终端，缺乏原创意识。这种“貌合神离”的内容融合，无法实现内容品质的提升。此外，很多媒体中心对“互联网 +”的理解不深入，未能在发挥好自身内容优势的基础上，提升内容生产源头的品质。因其原创水平有限，无法实现资源优化配置的最大化，制约了业务能力的提升。媒体中心在内容生产中，缺乏贴近用户的内容话题，挖掘内容的积极性不高，简单地加工合成无法实现与用户的良性互动，导致无法形成内容的核心竞争力。从现实实践来看，很多媒体中心把主要精力放到了渠道建设上，忽视了原创内容建设。从表面上看传播渠道扩张成绩斐然，实际上只是将传统媒体生产的内容照搬到了新媒体平台，未能实现资源的有效利用，同时对原创的内容开发不足，导致内容融合滞后，创新动力不足。

（二）内容生产理念保守

内容生产理念是内容生产实践的先导，对内容生产实践有着重要的指导作用。内容生产理念的彻底变革在媒介融合的建设进程中至关重要。然而，很多媒体仍然坚守“媒介本位”未实现，“以用户为中心”的转变。这突出体现在以下几个方面。

1. 移动化的场景中缺乏双向思维

很多媒体中心的传播核心未融入受众需求和社会需要，内容的分众化与垂直化不足，无法更好地根据用户的需求提供用户需要的传媒产品，存在报道模式、报道形式、传播思路相对陈旧的问题。媒体注重生产和传播新闻，却未能更好地加强社会服务，与基层群众的紧密连接性相对较弱。

2. 未能充分调动用户的积极性

很多媒体中心在提供内容服务时，未能充分激发用户的创造力，与用户的互动性不强，用户生产的内容未能更好地融入新闻生产中。在传播过程中，除了传者本身，还包括用户。因此，对传播效果的评价也需要考虑用户对内容的再生产，在实现传播效果的基础上完成同步性。然而，很多媒体中心仍然未改变以往的新闻传播方式，仍旧是保持自上而下的内容生产模式，未有效实现与用户生产的连接。互动反馈机制的缺乏，使用户失去了参与内容生产的兴趣，用户的忠诚度大大降低。

（三）内容运营基础较差

技术的变迁促进了内容融合的创新，但是媒体中心的内容运营基础较弱，存在动力不足的问题。媒体中心在运营精品内容上存在诸多矛盾，在文字、视频、音频等内容上未找到合适的突破口来实现共建共享，延伸内容形态的价值链。媒体中心对内容的运营存在的最大问题在于智能化技术基础较弱，内容形态创新动力不足。这具体体现在以下几个方面。

1. 陷入内容生产的认知误区

媒体一味地追求技术和渠道必然是难以成功的。其实，无论是何种渠道、何种技术，面向受众输出的永远是媒体的内容，内容才是展现一家媒体价值取向的核心。我们所要采取的是“技术为路、内容为王”的策略，做受众喜闻乐见的内容，坚持传统媒体的价值取向。要想在媒介融合时代做好内容，需要从以下两方面入手：一是做建设性的内容。当下，互联网上的信息铺天盖地，人们身处信息海洋中却时常面临信息缺乏的境况，因为许多自媒体账号为了吸引受众眼球，多是一些短平快的内容，简单地对信息进行呈现而没有做深度的解读和提供解决办法，传统媒体可凭借自身的专业化优势，多做一些建设性的新闻报道，为受众答疑解惑，提供一些方法。二是做独创性的内容。随着新媒体的不断发展，受众可选择的信息越来越多，但面对互联网上众多的冗余信息，受众更想要看到不一样的观点和具有创新性的报道，传统媒体在速度方面与新媒体较相比于劣势，不如换个思路，在内容上多做创新，让自己的内容在信息海洋中脱颖而出，吸引受众。

2. 对短视频的重视程度不够

在新媒体时代，短视频作为新的内容生产形态，符合用户碎片化的阅读习惯，短小精悍的视频交互性较强、信息接受度高且可以迅速准确地找到目标用户，内容题材多样且丰富。从目前来看，很多媒体中心对短视频的重视程度不够，未深度挖掘其产能，叙事模式未从传统电视叙事中转变，未打破传统媒体思维的束缚。很多媒体未在有限的时间内提炼话题和事件的关键点，无法达到与用户的共鸣，未能重视注意力经济，未实现好“PGC+UGC”的内容生产，因此内容平台的用户活跃度不高。

3. 缺乏场景化的音频生产

随着智能音箱、车联网和智能家居逐步普及，使得用户对场景化应用的音频内容要求更高。然而，很多媒体未注重依托场景进行音频的内容生产，便捷的互动加上全面而有深度的内容未能实现双管齐下。传统广播电台仍然具有内容生产的优势，但未能在发挥内容优势的基础上细分场景，缺乏多样化信息和高品质的内容产品，未促进与网络音频平台的合作，在音频内容创新上有所欠缺。同时，很多媒体也未能创造有效的用户反馈机制，无法催动用户成为音频内容生产的积极参与者，缺乏提供定制化的服务。

综上所述，很多媒体中心在内容生产的理念和实践方面未能实现真正意义上的创新，未认清内容生产在媒体中心中的作用。在媒介融合的背景下，媒体中心的内容生产模式需要变革，才能为内容创新提供有力的支撑，要从内容生产的主体、内容产品、内容呈现形式等方面思考，促进媒体内容生产模式的转变，才能实现更好的媒介内容融合。

四、内容融合的策略

（一）融入亚文化内容，满足不同群体需求

面对如今自媒体盛行、信息鱼龙混杂、舆论环境纷繁复杂的媒介生态环境，媒体要不断提升自己的内容质量，坚持内容质量为王，拓宽自身的传播范围，在满足大众传播需要的同时，也要紧跟时代潮流，关注各种亚文化的需求，满足不同群体的需求，拉近与受众间的距离，逐渐将亚文化内容融入主流文化融合场域之中，实现主流文化与亚文化二者水乳交融，亚文化也逐渐呈现“破圈”之势。例如，人民日报新媒体平台创作了众多脍炙人口的视频 MV，如改编自歌曲《少年》的建党百年主题 MV。《少年》借助原有歌曲的作曲，将歌词改编成励志、向上又饱含热情的话语，配以建党 100 年间具有历史纪念意义的画面，时而穿插激荡人心的画外音，给受众带来良好的观看体验，增进与受众间的情感交流，实现共情的目的，建立沟通桥梁，实现价值输出。在微博、微信、抖音 3 个新媒体平台中分别收获 3.7 万、10 万 +、254.4 万的点赞数量。又如人民网、微博、微信平台均利用动漫形式生动讲述建党百年过程中的历史节点，创作出如《追梦者》《1921》等作品，这些作品利用生动的动漫形象，带入历史的场景，在讲述历史的同时传递价值理念，产生了良好的传播效果，是亚文化与主流文化交融很好的尝试。

（二）实现内容生产主体的多元化

增强社会公众参与内容生产的可能性，提升内容生产的品质，这就对媒体中心努力实现内容融合提供了助力。具体来说，媒体中心可以从以下几个方面入手。

1.吸纳多元传播主体

推进“开门办报”，习近平总书记作出了“四全”媒体的重要论述，其中全员媒体指的是人人都可以成为信息的传播者和接收者，人人都持有对事件的话语权。这就要求媒体中心变单位媒体为全员媒体，坚持新闻工作的群众路线。

随着互联网技术的更迭，媒体平台融入了智能化、场景化的特性，运营与服务能力大大提升。媒体与用户之间的交流互动频次得到显著增加。媒体加强传播主体的多元化，能够促进政务信息、资讯、媒体机构生产的内容、用户生成的内容等汇聚，形成移动的传播体系。因此，媒体要在有效实现人与物、人与人的连接基础上，充分吸纳社会力量，提升社会大众参与度，促进群众积极融入媒体中心内容生产环节，加强平台的开放性，实现内容产品的海量化。同时，媒体要发挥引导者的作用，在发挥专业优势的基础上，推动用户提升内容的质量，在开放、透明的网络空间内，加强共同参与的协同效应，释放出媒体的更大能量。

2.提升内容生产者的专业能力

内容生产者的创造力与工作热情决定了内容质量，提升内容生产者的专业能力，有助于激发原创内容产品的研发，加强内容的聚合，突破内容变现的瓶颈。媒体中心要注重培养内容生产者的专业能力，多组织媒体业务培训活动，指导内容生产者树立正确的融合观念，通过激励机制提高内容生产者的创作热情。同时，媒体中心要打破部门限制，推动跨部门组合，根据个人的兴趣爱好、专业特长、媒体资源等组成内容团队，以项目参与制为核心来开展工作。这样一来，每个人都能在做好本职工作的基础上，发挥兴趣特长，增强内容的创新性。除了提升业内人士的专业能力，也需要提升其他内容生产者的专业性。媒体要发挥好传播者的角色，引导社会公众正确认识与使用媒介，提升用户的媒介素养，合理地利用大众传播资源，充分利用媒介资源参与社会进步。媒体要创造良好的舆论环境，发挥用户的积极主动性，加强用户深度思考的能力，在互动中提升用户的专业性。用户的数字化能力在网络时代被激活，媒体要引导用户提升碎片化信息的处理能力，在利用媒介进行内容生产与传播时，合理地发出自己的声音。

（三）进行内容形态的创新

媒体中心正处在互联网技术快速发展的时代，用户的诉求也发生了改变，因此媒介融合对内容的品质要求更高。要想通过内容获得用户的共鸣，实现内容融合的有效性，可以从内容形态上深度挖掘。

1. 聚力打造新的内容产品

爆款的新媒体内容产品要契合用户，尤其是青少年用户的信息接收习惯，分析不同传播形式的特点，挖掘本土内容资源的优势。例如，人民日报客户端的“军装照”，在网络上形成了强烈的刷屏效应，这是将爱国主义情怀融入创作而形成的现象媒体产品。该产品的成功之处就在于强化了用户意识，满足了用户多样化的需求，尤其是抓住了青少年这一用户群体，其情感需求、信息需求、参与需求等成了媒介内容融合的重要依据。媒体中心要积极发挥贴近性优势，从本土特色出发打造契合用户的媒体产品，在强大技术的助力下，推进内容形态创新，激发用户的共鸣，达到内容的有效融合。

2. 内容适应移动化场景

在新媒体时代开发媒体产品，内容形态创新不但可以带来适应移动场景的内容流量，组合积聚形成文化势能，还能营造基于用户使用习惯的移动化场景。媒体中心要跳出思维束缚，不局限于提供单一内容，要基于平台的优质内容，加强横向与纵向的延伸，拓展变现模式，实现内容融合。同时，媒体中心要激发地区的媒体活力，注重讲好本土产品的故事，为用户提供有用的内容，多开发媒体产品。除了新闻产品，媒体还要积极开发衍生产品，嵌入年轻属性和文化属性，提升服务价值，增强内容吸引力的同时形成品牌效应。例如，“掌心长兴”App 融入了 H5、短视频、直播等呈现形式，除了新闻资讯外，在便民服务方面还增强了智力支持。

（四）调整对内容的选择标准

媒介融合为新闻内容的选择拓宽了渠道。在媒体快速发展的今天，受众获取信息的方式愈发多样。当注意力成为稀缺资源，如何适应网络时代的发展趋势、超越传统新闻业的藩篱、促进传播内容的丰富发展、满足用户的精神文化需求，是摆在很多主流媒体面前的一项紧迫课题。媒介融合时代，传播渠道的拓宽为新闻信息采集增加了来源，同时，受众和市场需求的不断变化也为新闻内容的选择提供了更多可能性。信息化时代，对于读者来说获取内容是否简单快捷、传播方式是否创新多样，是否符合读者要求是衡量媒介内容融合的尺度。这就需要主流媒体在新闻生产中明确用户需求，打造多元媒介产品。不同渠道的产品特性和受众需求是影响新闻内容选择的两个最主要原因。

1. 顺应不同平台需求的内容筛选

内容分发即在不同载体上呈现不同的新闻作品，如电视及广播新闻的节目、纸媒报刊的栏目、以 H5 页面为载体的新媒体新闻等。不同的发布平台有其特定的受众群体与平台特性，可能会对新闻内容的选择产生一定影响。为了响应媒介融合时代的号召，主流媒体纷纷开始研发新的新闻作品以适应不断拓宽的新闻发布渠道。新媒体的出现极大地改变了主流媒体新闻产品体系的构建，新闻从业者纷纷开始构思更加适应当前新媒体受众的新内容与新栏目。针对不同的平台特性，在内容融合时新闻内容的筛选也相应有所区别。如“两微一端”即微信、微博、新闻客户端等移动端平台，因其碎片化、娱乐化氛围特性，并不适合过于有深度的新闻报道内容，更适合侧重时效性的新闻消息；论坛类平台对长篇文字的容纳性更好，平台分类明显故针对性更强，较为适合根据经济、体育、娱乐等分类进行专题内容的采编与发布；传统报纸的受众群多为中老年人，在新闻内容的选择上更具有接近性，多为民生新闻和广告投放。

经过几十年的发展，主流媒体积累了丰富经验，拥有其他自媒体无可比拟的优势，尤其是在品牌、人才、技术三个方面。新媒体的迅猛发展虽然使传统主流媒体受到不小的冲击，但其依旧拥有权威地位，尤其是公信力方面，主流媒体传播力和影响力依旧不减当年。例如，中央电视台开展“三步走”战略，收视率明显增加，效果显著。媒介融合发展至当下，发挥媒介内容融合的作用，研发新的新闻栏目以适应平台也是大势所趋。例如，《主播说联播》也让《新闻联播》传播年轻态。2019 年 7 月 29 日，《主播说联播》栏目正式在微博、抖音等平台投放，该栏目由新闻媒体中心操刀，以短视频作为主要的呈现形式，平均每期节目的时长约为一分钟。呈现的内容主要是当天的时事政治、社会新闻、热点话题等，以《新闻联播》当天的播出内容作为基础，当天的新闻主播作为解读人，用较为通俗、人民群众喜闻乐见的网络语言来解读观众密切关注的新闻话题，发挥主流媒体内容融合作用，引导社会风气向上向善。针对特殊平台选择合适的新闻内容是为了打破《新闻联播》受众群体局限，弥补缺少年轻观众的缺陷，该节目将《新闻联播》内容碎片化、节目观众年轻化、节目受众分众化作为融合的目的。此节目传播范围较广，在央视自有平台、微博、微信、快手、抖音等大热 App 同步投放视频，年轻观众对此反响强烈。节目制作到 36 期时其相关数据就可见一斑，相关微博话题的阅读量已超过了 10 亿，仅在抖音和快手两个平台上播放量就已超过了 1 亿，微信公众号推文的阅读量也十分可观，节目视频的转发量很多，传播效果十分优异。在不同平台选择不同的新闻作品发布是提升新闻传播效果的重要一环。不同平台受众不同，即受众细分市场不同，同样的新闻内容面向不同人群，可能效果回归不尽相同，

2. 顺应“话题式传播”的内容筛选

互联网技术不断发展，人类已经进入信息爆炸时代。自媒体丛生，信息获取渠道不断发展，信息更迭速度越来越快。大众在关注新闻事件的过程中，注意力呈波浪形变动，即某一话题引发广泛的社会讨论，社会舆论和公众情绪推动该话题的热度不断上升，大众的关注度紧紧跟随着话题热度不断地变动。民众舆论受到话题热度的影响，对于媒体工作者来说，学会抓住热度、制造舆论非常重要。央视新闻自 2019 年 7 月起，播出了《新闻联播》微博特色栏目“国际锐评”短视频，由《新闻联播》主播康辉作为评论人，关注国际形势、发表相关评论、引导社会舆论。开播后 3 天，“国际锐评”连续成为微博热搜话题，相关阅读量近 7 亿。一时间，收看《新闻联播》成了年轻人之间的风潮。2019 年 7 月 26 日，美国“怨妇心态”相关话题登上热搜，阅读量超 5 亿，讨论人数超 20 万。2019 年 8 月 16 日《新闻联播》开通了栏目专属微信公众号，发表了一篇关于国泰航空的微信推文，阅读量飞速上涨。2019 年来，国内外各种矛盾凸显，引发了大量的社会舆论，央视新闻利用新媒体，积极引导国内舆论，在微博上发布相关的时事评价，开展与民众的互动，广泛地吸取民意，成了民众的意见领袖，发挥了其应有的社会效用。一时间《新闻联播》在各平台的热度都居高不下，由此也带动了电视端的收视率，传播效果十分可观。主流媒体通过网络平台构建话题，并围绕议题发布新闻内容和时事评论，是一种顺应“话题式传播”的新闻内容选择，它能在碎片化的网络空间内相对系统性地向受众展现新闻内容。《新闻联播》的优质

内容融合在符合受众接收习惯的基础上保持了一定的连贯性，能够取得较好的传播效果，为养成正确的社会舆论生态、引导健康的社会风气贡献力量，不仅提高了自身的经济效益，还提升了社会效益。因此优质内容在筛选后达到的内容融合，对取得良好的传播效果也是事半功倍的。

第二节　网络融合

一、网络融合的概念

网络融合实际上有两层含义，第一层含义是在数据传输方面。以前基于PSTN(Public Switched Telephone Network，公用电话交换网) 上的语音数据和基于有线电视同轴电缆上的视频数据，以及基于 IP（Internet Protocol，网络之间互连的协议）的信息数据，都被整合在一个网络中进行传输，这个物理媒介就是融合网络。它统一了在不同网络上传输的多种数据。但是融合网络还有一层含义是在应用层面。它把以前各种异构网络上的应用全部整合到一个 IP 网络上，从而实现在应用上的大统一，这是一种更直观的解释。

网络与人们的生活息息相关，身处信息时代的我们对网络传输速度及海量内容提供的要求也越来越高，使得人们的工作和生活方式都发生了重大变化。近几年来，三大网络（电信网、广播电视网和互联网网络）的业务范围逐渐相互渗透，形成“你中有我，我中有你”的格局。当然，网络融合既包括三大网络的融合，也有两网融合，如现在的移动互联网就是通信网与互联网的融合。网络融合的概念于 1998 年提出，随着信息技术的发展，网络融合技术已经成熟。党中央、国务院也通过一系列的国家政策来积极地推进网络融合的发展，并将网络融合纳入国家发展战略。在 2010 年 1 月 13 日，关于推进电信网、广播电视网和互联网网络融合的国务院常务会议召开了，这标志着中国正式进入了网络融合时代。会议指出了推进网络融合对于促进国民经济以及满足人民生活需求的重要意义，强调要在现有技术条件的基础上建立符合我国国情的网络融合模式。为了推进网络融合的发展，会议本着先易后难、试点先行的原则做出了加快网络融合步伐的相关规定。在 2010 年 5 月，国务院通过了推进网络融合的总体方案，随后推出了具体试点方案并公布了试点城市的名单，网络融合分阶段进行，于 2010 年 6 月正式启动。目前，网络融合已经进入实质性发展的阶段，引起了传播技术上的变革。网络融合给产业的发展带来了前所未有的机遇，在带动相关产业发展的同时，也推动了信息产业经济的可持续发展，有力地促进了光纤产品、多功能机顶盒、集成电路和芯片、电脑、手机、智能家居等相关电子信息和文化产业的发展，人们获取信息的渠道和方式也更加多样和便捷。

二、网络融合的商业模式

网络融合是信息技术发展的重要趋势，是推动产业结构升级的客观反应，是快速便捷满足客户需求的必然结果。在网络融合的趋势下，原本相互独立的技术在互相渗透的过程中，将形成新的商业模式，传统产业的交叉地带将形成新的业务和市场。当然，网络融合的核心理念是通过创新的商业模式来满足用户的需求，正如格兰瑞智咨询研究总监韩凌所说，“成功的商业模式一定要建立在用户需求上面”。在顺应网络融合发展趋势以及满足用户需求的基础上，衍生出了 IPTV、手机电视、互联网电视这三种典型的商业模式。这三种商业模式在带来积极影响的同时，也给传统的著作权制度带来了冲击。下面针对上述情况展开论述。

（一）IPTV

集合电信网、广播电视网、互联网这三方面优势的 IPTV，被认为是目前网络融合最现实的业务模式。IPTV 即交互式网络电视，是 Internet Protocol Television 的缩写，其作为一种网络技术，以宽带通信网作为基础，以电视机或其他电子设备为显示终端，通过广电网络向用户提供多种交互式服务。简单来说，IPTV= 宽带 + 电视机 + 机顶盒。IPTV 网络电视具有三大功能：一是电视直播。这一功能与有线电视的功能相同，但是由于 IPTV 的直播是通过网络平台，其直播形式不是广播，这就决定了通过 IPTV 可以收看更多节目频道，不仅可以收看普通的标清频道，高清频道也可随意选择，因此 IPTV 的这一功能可以完全替代有线电视。二是节目回看。这一功能使用户在收看电视节目时不再受播出时间的限制。IPTV 网络电视具有支持频道回看、后退、暂停、快进等功能。假如我们由于种种原因不幸错过了自己喜欢的节目，使用“回看”功能就能弥补遗憾。当然，当我们在观看某一精彩节目时，没有看清楚或者想要反复观看，就可以用“后退”功能来重新播放已经播放过的片段；也可利用“暂停”功能把画面暂停，然后根据自身需要选择是否继续收看；也能通过“快进”功能将节目调节到与电视节目同步播放。

IPTV 承载着网络融合的重任，其运作和发展仍处于不断探索之中。IPTV 在为用户提供丰富的节目以及为收看节目提供便利的同时，也带来了不少挑战。相比于传统电视，IPTV 的最大特点就是具有交互性，其交互性的特点主要体现在以下两个方面：第一，只要是在网络服务商所提供的资源范围内，用户都可以根据自身的需要选择电视节目；第二，用户可以自主地对电视节目进行回看操作。其具有的交互式特点优势明显，同时也带来了一系列的著作权问题。IPTV 的回看服务主要混淆了著作权中的广播权和信息网络传播权，关于其法律性质一直存在争议，有关 IPTV 回看服务的诉讼不断。IPTV 在发展的过程中，由于其在运营和业务等许多方面区别于传统媒体，这就决定了其将涉及不同层次的著作权问题。IPTV 所面临的著作权问题反映了传统著作权法所面临的矛盾与挑战，期待今后的著作权法做出相应的回应。

（二）手机电视

手机电视作为移动商务的重要增值业务，是网络融合的产物。手机电视的异军突起，使整个传媒行业进入了一个全新的时代。手机电视是一种新型的数字化形态，不仅能为手机提供音视频内容，还能利用网络完成交互功能。简而言之，手机电视是利用手机等设备来观看电视节目的业务。手机电视的发展为网络融合带来契机，其作为新的融合性业务，将以自身的优势促进网络融合的发展。看视频节目是人们日常生活中必不可少的娱乐项目，伴随着科学技术的发展以及网络融合的推进，新技术不仅能让人们在家里通过电视观看视频节目，更可以通过手机随时随地地观看视频节目。手机电视软件是安装在手机端并能收看视频节目的应用软件，即 App。通过下载并安装手机软件，搜索相关视频就可以享受视觉盛宴。

当然，手机电视软件的存在有利有弊，其在给广大用户带来丰富的影视剧内容的同时，也给相关的内容版权方带来了麻烦，有的软件运营方也因此惹上官司。原因在于这些手机软件有些与相关版权方合作，有的只是对内容进行了聚合。

（三）互联网电视

如果单纯地介绍互联网电视的概念不免有些抽象，为了更加清晰地说明互联网电视的特点，采用数字电视、IPTV 与之进行对比。就数字电视而言，其只能通过卫星、有线或者无线等方式单向提供节目内容，用户不能根据自身需要来点播节目，只能被动接受，这种非交互式的特点明显区别于互联网电视。就 IPTV 而言，其运作需要广电系统配合的 IPTV 专网，虽然与互联网电视相比，IPTV 也具有交互性的特征，但由于其必须配备专网，这就决定了在开放性和可操作性方面会受到较多限制。相比于数字电视与 IPTV，互联网电视只需要通过普通的公共互联网，就能为用户提供全方位的服务。因此，互联网电视的交互性和开放性特征尤为明显。近年来，随着互联网电视的普及，传统的电视收看方式得以改变，现在大部分的电视机已经拥有了连接无线网上网的功能。互联网电视让越来越多的用户接触到海量内容，但也引发了一系列侵权问题。典型案例就是此前引起热议的我国首例互联网电视著作权侵权案，即优朋普乐公司诉 TCL 集团和迅雷公司案中涉及的“MiTV”互联网电视一案，最终法院认为 TCL 集团和迅雷公司承担共同侵权责任。从目前关于互联网电视著作权侵权案件中可以看出，被告主要有以下两大主体：一是互联网电视的生产销售商。其之所以承担相应的侵权责任是因为互联网电视的生产销售商并非仅仅生产硬件还实施了其他帮助侵权行为；二是互联网电视播放软件的提供者。因此，必须完善相关立法，使互联网电视发挥更积极的作用。

三、网络融合面临的挑战

（一）互联网思维模式带来的挑战

1. 网络信息选择的自由性增加了价值观念的甄别难度

现代科学技术的进步，为信息网络化发展增加了网络思潮价值甄别的难度。任何事物均有其相对的一面，如同网络的“双刃剑”性质，媒体融合机制并不会时时处处都发挥出正面且积极的功能，这是构建媒体融合机制所必须正视的现实。由于“互联网＋”连接了现实社会和网络空间，现实的社会思潮必然会投射到网络空间，加之网络社会崛起后由亿万网民网络化参与而形成的舆论观点会汇成一股股思潮，这就使得网络社会思潮更加复杂多元，夹杂其间的价值观念驳杂纷呈。同时，社会生产生活方式发生了巨大变化，这些变化毫无保留地反映到网络社会思潮中。随着亿万网民使用互联网传播信息并利用其承载信息、参与网络活动，网络社会逐渐形成，因此网络社会思潮就包含了现实社会思潮和网络社会生成的舆情舆论。自信息传播从传统媒介发展到新兴媒体传播阶段，并与传统媒介融合发展，信息网络化亦即形成。信息网络化发展的一个显著特点是信息传播自由、信息接收自由，进而形成了“人人都是信息源”“人人都是麦克风”“人人都是接收器”的传播现象。

2. 网络思潮的芜杂弱化了传播功效

在传统的传播模式中，主流媒体凭借其官方垄断地位及其掌握的技术优势，几乎完全控制信息传播媒体及传播内容，然而互联网构造出了一个无限延展、没有边界的虚拟世界，在这个世界里个体可以以“隐身人”的身份参与网络，信息传播自由、信息接收自由，这样的结果是形成一个网络舆情思潮复杂多元的网络社会。

（二）“三网融合”带来的挑战

“三网融合”对于我国提升信息通信业水平和促进经济社会发展具有重大意义。电信网、互联网和广播电视网的融合在为相关行业和设备商带来发展机会的同时，也带来了新的网络和信息安全问题。从网络的结构看，电信网和广播网相对封闭，受到外来攻击的可能性较小，安全性相对较好。而作为开放网络，互联网存在较大的安全隐患，只能根据暴露的问题进行补救和进行被动防御。从网络安全来看，互联网上各种网络攻击和恶意代码无处不在；从信息安全来看，对于信息内容的监管一直缺乏有效的手段，特别是对音视频的监控，更是技术上的难点。造成互联网上各类安全问题的原因，既有经济上的，也有政治方面和其他一些理念诉求，情况十分复杂。随着“三网融合”的推进，互联网所面临的各种安全问题给电信网和广播电视网带来了新的安全隐患，给现有的安全监管工作也带来了极大挑战。

1. 在网络安全方面

“三网融合”之后，原先只存在于互联网中的一些问题将逐步扩散。电信网和广电网通过 IP 技术改造，也会引起同样的问题，各类恶意代码和网络攻击行为将直接渗透至电信网和广电网。由于原先的封闭性，电信网和广电网的防范意识和防范能力可能不足以应对新的威胁和挑战。此外，融合后新的技术和业务，以及各种各样的智能终端，也将带来各类网络安全问题，如系统漏洞、设备本身缺陷等，用户可能在不经意间就会对网络发起攻击行为，典型的如暴风影音事件，用户的正常 DNS 请求造成了网络风暴，使得国内的南方地区通信网络瘫痪数小时。

2. 在信息安全方面

“三网融合”后各类新技术、新业务将爆发式呈现，用户数量和规模也将剧增，这都将给信息安全带来新挑战。首先，信息来源更加分散。在“三网融合”后，大量用户可以自行制作并发布内容，告别过去单一的一对多的广电模式。其次，追踪溯源难度增大。“三网融合”采用 IP 承载以后，将不利于信息的追踪溯源，目前的 IPv4 网络已经出现了这个问题，恶意攻击方可以通过代理或者跳板来隐藏身份，而 IPv6 由于对信息的高度加密，使得溯源更加困难，这也是我们国家迟迟不上 IPv6 的原因之一。最后，对图像、音视频等非文本信息的监管将更加困难。现阶段互联网上其实已经存在这样的苗头，任何一个用户都可以通过电脑或者手机录制音视频并上传到网上，目前的图片、音频和视频监控技术还不具有实时监控的能力，而“三网融合”后，随着网络接入的多元化，这一问题将更加凸显。

3. 在日常监管方面

“三网融合”后，电信和广电企业允许互相进入，目前电信运营商都在不同程度地开展节目内容制作，而广电企业也在开展用户宽带接入业务。届时将会有更多的企业，原先是在传统网络上开展业务，没有将其纳入监管，没有许可和授权，融合以后，这类企业的业务范围随时可能拓展，需要及时将其纳入监管。在监管深度上，目前对视频类网站发现能力不足，视频内容和手机内容并未完全纳入监管范围。通信和广电监管部门目前主要还是通过技术手段对互联网上的文本信息进行监控，即使是所谓的音视频监控系统，也是以音视频节目名称这样的文本信息为监控目标。“三网融合”后，各类网络音视频数量将大大增加，而且通过微信、手机 App 等直接传播至用户终端，给监管带来极大难度。

四、网络融合的策略

（一）提升网络融合服务质量

网络融合为人民群众带来了更加多样化、个性化的网络服务，人们可以通过网络融合各种信息渠道获取海量音视频内容，极大地丰富了人民群众的精神文化生活。然而，网络融合的部分服务内容来源于互联网，服务内容繁多复杂，质量良莠不齐，其中充斥着大量低俗甚至有害信息，严重影响了人民群众的服务体验。政府是市场经济中公共利益的普遍代表，当市场主体的利己行为威胁公共利益时，政府就有必要发挥其行政监管的职能采取一定的行政措施以保障公共利益不受侵害。网络融合将传统的广电网、电信网和互联网融合为一个全新的产业，网络融合孕育出各种新业态、新模式，各类新媒体、电视节目等逐渐成为新监管对象，以往的市场监管方式方法难以适应网络融合后的产业监管需求，容易出现产业网络融合发展的市场乱象，产生大量低俗有害内容，大大拉低了网络融合的服务水平和质量。根据网络融合实际，采用新的监管方法加强网络融合的行政监管，对网络融合的服务内容进行严格筛选把关，保障了网络融合服务质量的提升，更好地满足了人民群众的服务需求。

（二）规范网络融合市场

网络融合的推进在经济层面上实质是电信运营商、广电网络、互联网三个行业相互进入原本各自垄断的行业中，使得互联网、通信、电视之间的界限模糊，形成统一的新业务格局。网络融合改变了原来三个行业的格局和市场秩序，容易导致市场的自我调节机制失灵，此时需要引入行政监管来进行相应的调整。网络融合作为国家重大战略，政府在推进过程中必须承担起监管责任，才能弥补市场调节缺陷，促进网络融合的健康发展。同时，“三网融合”是不同行业之间利益平衡和资源分配的过程，在推进过程中不可避免地会产生利益纷争，容易导致不同行业主体间的恶性竞争。通过出台相关政策规范市场行为，避免了各个利益集团利用自己的资源优势阻碍网络融合的发展。因此，加强网络融合的行政监管对于相关产业的发展具有必要性，对于规范市场、推进网络融合发展具有重要作用。

（三）保障网络融合顺利推进

马克思主义政治经济学认为生产力决定生产关系，生产关系要适应生产力的发展。网络融合是广电、电信和互联网三大产业的融合，融合后形成的新生产模式会带来生产力的提高，而行政监管属于生产关系的范畴，若生产关系不适应生产力的发展，则会产生阻碍作用。因此，在网络融合过程中政府的行政监管必须随着网络融合的发展进行相应的升级调整，合理必要的行政监管纠偏是顺利推动“三网融合”发展的重要保障因素。网络融合中的行政监管纠偏主要是对网络融合中内容安全和传输安全的监管，具体来说是对电视台的内容接入、播控和电信运营商的传输进行监管。在推进网络融合过程中引入了管理控制理论，对“三网融合”推进的各方通过行政管理纠偏进行了流程和资源上的控制，确保网络融合向着积极有效的方向发展，是省政府有效推进网络融合的重要保障因素。

（四）加强网络融合信息安全管理

1. 建立网络安全法律体系

推进网络融合，立法是不可忽视的前提和基础，应加快推进网络空间安全重点领域的立法工作。为顺应互联网发展趋势，提高我国网络空间安全治理法治化水平，我国于 2016 年正式出台了首部《中华人民共和国网络安全法》（以下简称《网络安全法》），对国内的网络空间安全治理具有重要意义。但是《网络安全法》也只是网络空间安全法律体系的其中一个组成部分，仍亟须各领域的专门法来填补空缺。目前，我国在个人信息保护、数据安全管理、关键信息基础设施安全保护等方面仍存在专门法的缺位。在网络空间安全的重点领域，缺少统领性立法的规范，相关规定多零散地出现在法规、条例中，难以形成强制约束力，也会影响到网络空间安全的执法效力。以《中华人民共和国个人信息保护法》为例，随着大数据、人工智能的发展，对于用户个人信息的收集、应用愈发广泛，信息的泄露也防不胜防，加强个人信息保护迫在眉睫。因此，亟须制定和更新相关的法律法规，对网络融合的政策制定、监管职责、业务范围、技术规范等进行明确，加大网络信息安全保障的力度。启动网络信息安全立法，主要目的是通过立法来约束和规范网络管理以及网络行为。目前国内最权威的信息通信业法律规范，具体内容包括电信和信息通信服务业的许可准入制度、通信网络间的互联互通规范、资费和服务、通信基础设施建设与共建共享、通信安全和设备入网等方面。下一步需要尽快制定网络信息安全方面的法律法规，对网络信息安全的范畴和需要满足的条件和规范予以明确，网络信息安全立法需要重点涵盖网络基础设施分级保护规则、自主产权技术和产品应用规则、网络基础资源的管理、信息内容监控、网络安全监测与防护、新技术新业务评估等内容。

2. 成立统一的网络信息安全监管机构

分业监管是网络融合最大的障碍，不仅阻碍了融合业务的发展，同时也带来了网络信息安全管理上的重复建设和缺位。电信管理部门出于其自身管理的需要，对于基础电信运营商和增值电信企业都有一系列的管理规范和要求，并建设了一系列的技术平台加强监管。例如，通信管理部门对基础电信企业有网络信息安全责任考核制度，对增值电信企业有信息安全责任落实制度；对基础电信企业有 IDC 信息安全管理系统、移动上网日志留存系统、移动互联网恶意程序检测系统等平台建设要求，对增值电信企业有网站备案、IDC 管理系统等平台建设要求。广电行业也是如此。但是，两者的管理要求存在很大的差异性，在技术手段上也没有进行功能对接和数据共享，造成了管理上的漏洞和平台建设上的浪费。随着移动互联网等网络技术的发展，目前电信和广电行业的监管范围、监管内容、监管对象、监管举措等都在发生变化，以电信行业为例，从重视管理基础企业到增值企业，从传统网安全到互联网和移动互联网安全，从网络层面的安全到终端和用户信息安全，网络信息安全的外延和内容在不断发生变化，网络融合以后更是如此。

在世界各国网络融合的历程中，无一不是从分业监管最终转向了统一监管。美国的 FCC、英国的 OFCOM、韩国的 KCC 以及澳大利亚的 ACMA 都是这一理念下的产物。而我国目前对于三网，主要有三个部门负责监管：一是工信部下属的通信管理部门，负责电信网和互联网；二是广电总局，负责广电网；三是工信部下属的无线电管理部门，负责无线电管理。即便是同属于工信部的通信管理部门和无线电管理部门，但是因为二者的机构设置不同（通信管理局属于工信部派出机构，无线电管理局隶属经信委管理，属于地方政府组成部门），彼此之间也缺乏协调，所以，亟须成立新的监管机构，全权负责对三网的管理。

3. 制定网络信息安全分级保护机制

按照不同的网络级别和信息内容重要性，对网络进行分层分级的保护。如骨干网、接入网、重要信息系统等，制定不同的保护策略。目前在通信网上，电信运营商对于骨干网采取了重点保护策略，确保骨干网设备和网络链路 24 小时畅通，所有线路和重要设备都有热备。在重要系统方面，所有的金融、电力等“8+2”重点行业的系统和线路也都明确要求具有风险评估和安全保护应急机制。网络融合以后，需要进一步明确相关要求，对于融合后的网络和系统，要充分考虑其风险和隐患，要从网络和信息内容安全两个层面建立保障体系，加强网站域名 IP 地址、网络基础资源的管理，加强网络安全的监测防护手段，加大信息内容的监控力度。

4. 加快网络诚信体系建设

网络诚信体系建设应当至少包括两个层面的内容：一是通过网站备案实名制、手机登记实名制、用户发帖实名制等工作推进网络实名制；二是通过建立网络认证和溯源体系，营造可信可溯源的网络环境。网络实名制在国外通常由国家和政府制定规则，企业负责实施和执行，包括用户登记的信息和网络行为记录都是由服务提供商负责搜集。但是在我国，由于特殊的国情，政府有搜集各类主体信息和用户行为信息的需求，因此有部分工作由政府承担，如网站备案，这在其他国家是没有的。在网络实名制方面，国家需要加强顶层设计，统筹考虑分散在各个系统和环节中的信息，确保信息不会被篡改和滥用。网络认证和溯源体系实际上是一种行为审计，用户在网上的行为需要通过认证和鉴权，这项工作大部分需要企业通过相应技术来实现，如密码技术、用户信息识别等。通过网络认证和溯源体系的建立，可以保证网上的信息来源可靠，最大限度地减少网络恶意行为。

第三节 终端融合

一、终端融合的概念

媒介终端融合即所谓的“3C”融合，主要体现了硬件的产品端，包括电信(communication)、计算机(computer)和消费类电子产品(consumer electronic)的三合一。

终端融合的第一种含义是指在单一终端产品上不断增加其功能，实现多功能一体化的目的，如手机空调的融合发展了智能家电市场。第二种含义主要是指各种终端设备在公共的功能平台上实现互联互通，提供统一的服务，如IPTV业务就是将电脑和电视的信息渠道与服务内容资源进行多方位的整合。媒介组织通过媒介内容融合的形式，可以使受众获得大量的、丰富的、高质量的信息产品，受众也能对内容进行挑选，选择自己喜欢的内容进行体验；媒介组织通过媒介网络融合的形式，使得受众不再依赖于传统媒体的单一文化产品，受众有着多样化的渠道，不再受时间、空间的限制。这样必然导致受众产生对获取信息的个性化和便捷化的需求，这就需要终端进行融合，终端设备具有多功能、一体化、小巧、价格低廉的特点。

接收终端融合包括技术融合和应用融合。从技术融合上看，前媒介融合期，交通运输工具是印刷体送达受众手中的印刷媒介终端，电波是电视信号送达受众手中的电视媒介终端。数字技术融入后，技术融合不仅要考虑硬件技术的通用性，还应考虑软件系统的扩展性。目前，市场上的迷你笔记本和智能手机便携性强，但在任务处理上与主流台式计算机相比仍有差距，在高速化运行、硬件技术体积微型化及软件系统的兼容性方面还需进一步开发和创新，尤其要考虑融合内容具备网络传播条件和能力。从终端应用上看，终端融合就是运用各个媒介渠道提供的链接设备，通过解决各种传播渠道与终端的对接问题，解决不同媒介内容的表达理解和展示能力问题，实现功能的灵活扩展和以设备为载体的服务融合，让受众自由出入融合渠道，接收、发送和编辑信息。通过多元化的信息获取方式进行信息研判，为更加准确地掌握传播活动提供可能。

媒介融合中最典型的案例就是《华尔街日报》的报网融合发展之道。《华尔街日报》的融合发展分三步走：内容融合战略、终端融合战略、经营渠道融合战略。在终端融合战略中，它通过最初的报纸和网络的融合，打破了传统媒介与网络新媒介之间的隔阂，使得报纸及其网站（WSJ.com）彼此嵌入、互相关联，实现新闻信息的多层次、多介质的传播。除此之外，它还与 iPad 平板电脑、亚马逊 Kindle 电子书阅读器、谷歌 Android 平板等新媒介合作，提供不同移动终端的订阅服务。“终端的拥有”是其取得成功必不可少的一步，媒介融合中的终端融合是对受众接触点的规模最大化过程，因为信息终端是与受众联系最紧密的因素，受众的需求决定了哪种信息终端会受到欢迎，哪种又会无人问津。终端的重要性还体现在它所负责的信息呈现是完成信息传播流程的最关键一环，信息以何种方式呈现会直接影响到受众对信息的消费，所以考虑到媒介融合时代信息传收两者的角色融合，在信息内容也已达到最大程度的整合之后，所有的融合都会归结于信息接收终端的融合。

终端融合过程一般会经历两个阶段：第一阶段，依托网络技术，实现传统媒介和网络新媒介的融合，在这里，新旧媒介可以看作是信息的输出终端；第二阶段，依托数字技术，信息经过数字化处理之后在各终端设备上（如手机、数字电视、计算机、iPad、MP5 等）呈现，信息各终端设备之间可以进行数字化转换，这就是终端融合的典型表现。

二、终端融合的价值

（一）移动传播带来的价值

新媒体的边界不断变化，媒介形态呈现出融合的趋势。新媒体与传统媒体之间并不存在什么明显的界限。甚至说，利用数字技术，旧媒体可以转变成新媒体。举个简单的例子，传统的报纸、广播、电视，可以升级为数字报纸、数字广播和数字电视。各媒介形态通常可以互补，甚至有些名称相互重叠，如数字电视、宽带电视、互动电视等，阅读介质从以往的纸质为主转变为电子与纸质并存。并且在智能手机等移动终端融合。终端融合就是将电信、计算机和消费类电子产品三者结合到一起利用数字信息技术激活其中任何一个环节，再通过某种协议使这三者之间实现信息资源的互联互通。报社最主要的角色是内容生产者及提供者。在数字时代，报社的角色转变为数字内容提供者，而内容可通过各种媒介、渠道进行传播、销售和展示，用户也可使用电脑、电视、收音机、电子书、手机等多种终端进行接收和消费丰富的内容形态。

（二）手机 App 带来的价值

终端融合主要包含两层含义：一是指终端设备的融合；二是指终端设备融合所形成的信息平台和服务内容的融合。这种媒介融合形式意味着多种终端设备的相互交织。计算机与液晶电视等家用设备的融合促进了信息家电产业的发展；互联网技术与电信设备的融合推动了各种手持终端设备的不断涌现。手机 App 是终端融合的有效形式之一。手机 App 具有便于携带、信息形式多样、不受时空限制、传播速度快等特点，可满足受众的多样化需求，是终端融合的一个亮点。在推出手机新闻 App 时，可以当天报道内容为主，以新闻网站的多样化、即时性、平民化为辅，在充分考虑手机媒体本身属性及其受众使用习惯的基础上，开设当天的新闻版面，并依据报纸的发展需求对该终端平台进行分类。同时，工作人员在新闻编辑时还可加入音频、视频、图片等多种媒介符号，使手机客户端的新闻报道更加具有趣味性、多样性、个性化。与手机 App 相融合不仅是媒体转型发展的一大趋势，而且是现下媒介市场变革所提出的新要求。新媒介生态环境下，在保持传统报道方式、报道理念的基础上，要主动融入手机 App，为媒体发展增添新鲜“血液”，使之能更加符合受众的需求，适应媒介市场的发展变革。

三、终端融合的策略

（一）全面优化客户实际体验

客户体验一般是通信网络行业内企业的运营发展目标，为了能够持续地提升客户的切身体验，必须要加强网络转型、技术发展以及全面优化，对于用户的实际体验更加需要高度重视。通常来说，优化用户体验可以从下述两个视角进行，其一，企业多终端的有效融合，可以借助智能技术手段来优化离线视频和商务群服务，以加强用户的优化体验；其二，借助多终端的融合通信，配合 Web 技术支持，给不同的客户带来软体终端和 U 盾等业务手段，有助于家庭单位的客户更好地应用。另外，终端融合的技术手段具备一定的优势，有助于持续地提升客户的体验感。

（二）跨界合作，打造全新产品样态

我国主流媒体已经在跨平台融合上进行了一番初有成效的尝试。但目前对大部分媒体来说，同一新闻生产主题在各大平台发布的内容同质化仍然是难以避免的问题，如何更好地利用不同载体、不同平台，构建有特色的新闻产品体系，是推进媒介深度融合的关键。大致有如下两个方向可以稍作参考。

一是基于平台角度的跨界，在这一方面可对当前大型专题报道项目进行优化和深化。在 5G 时代，实现万物互联之后，随着科学技术的进步，全平台打通已然不是难事，在同一新闻主题下，针对不同平台特点生产不同的新闻产品，并以数据互通为技术支撑达到联动化的受众反馈，或可成为日后囊括新闻报道、受众参与及专题活动的大型系列报道新模式。

二是基于内容角度的跨界，包括跨行业、跨 IP（Intellectual Property）的合作。主流媒体可凭借自身资源优势，依托科技实现渠道融合，展开跨行业合作。这是目前新闻行业尝试甚少的部分。主流媒体的新闻报道同样可以将杂志行业的部分内容纳为己用——可针对某长期议题，如环保、自然等人文社科内容，与国际、国内相关组织或学会进行联合产出新闻报道或纪录片作品；同时，与文化产业知名 IP 或品牌进行联名研发相关纪念商品，对该文化内容的投放和相关产品的推广进行系统性的策划，针对不同平台选择不同的新闻报道样态，制作有针对性的新闻作品进行全渠道、全平台的发布，并在有商品属性及相关工具的平台进行周边产品的推广，利用线上平台抽奖工具和线下户外投放扩大整个新闻产品的传播面与影响力。以某考古发现为例，主流媒体可从日常社会新闻切入，制作跨平台的大型新闻产品。于不同渠道制作不同的新闻内容——在碎片化渠道进行考古发现的更新和新闻报道、在强文本渠道发布主要的科普向新闻文本、在支持营销工具和强回馈互动的平台策划寓教于乐的互动产品；同时与当地历史博物馆等 IP 联名，利用 IP 自带的势能辅助新闻专题项目的传播，同时也可以推出相关文化软周边丰富该新闻产品的内容。此类跨界、跨渠道的新闻产品可使自然科学、人文科学领域的内容得到极大推广，承载主流媒体教化大众的职责，同时为媒介经营提供了新的思考方向。

（三）关注客户实际需求

当前手机 App 客户端应用日益增多，尤其电话、信息及地址簿等业务也已融合，其具体利用 App 作为承载服务基础，同时基本的 IP 多媒体消息、VoIP 及视频通话等诸多业务均可利用同一业务账号实现有效绑定，因此要求重点利用手机通讯录数据作为基础，然后组织承载通信业务和数据，并提供相应的数据云端服务，因此要求以“网络平滑演进”“提升用户体验效果”“系统运维智能化”为基础设计理念，制定网络终端融合通信业务实现方案，确保能够满足当前运营商使用及后续发展需求。

第五章　现代媒介融合的未来趋势

在信息技术飞速发展的大背景下，媒介融合已经成为我国媒体未来发展的重要趋势，受到了国家层面的高度重视。因此，充分研究影响我国媒介融合的各方面因素、展望媒介融合未来的发展方向，能够为我国更好地迎接媒介融合这一趋势打下坚实基础，从而有效推动我国媒体行业的创新、稳定发展。本章分为现代媒介融合的影响因素、现代媒介融合的潜在矛盾、现代媒介融合的发展前瞻三部分。

第一节　现代媒介融合的影响因素

一、技术变革

推动我国传统媒介融合发展的到底有哪些技术，媒介技术？互联网技术？还是信息技术？而我们常说的智能技术又属于哪个层面，要厘清这样的关系，我们需要先界定技术的定义。经济学家布莱恩·阿瑟（Brian　Arthur）将技术从三个角度定义，第一个角度，从整体上说是为实现目的的手段；第二个角度是指具体的实践与组成器件的集成；第三个角度则更为宏观，将技术作为在某种文化中得以运用的装置和整个工程实践的大集合。

综合上述三个角度，首先，我们可以认为媒介技术是媒介发展运用的技术，目的是实现媒介更好的发展，提升传播影响力；其次，媒介技术也是许多技术与媒介实践的集合；第三，媒介技术既包括以前的媒介技术，也包括现在的媒介技术，并且随着时间发展与外部变化不断成长。而媒介技术的本质也如同技术的本质，布莱恩·阿瑟认为技术的本质其实就是对自然现象的捕捉和征服。这样的表达也出现在媒介技术研究中，原创媒介理论家马歇尔·麦克卢汉（Marshall

McLuhan）也曾认为电子媒介重新捕捉了声觉，按照麦克卢汉“媒介是人的延伸”的相对“泛媒介论”观点，我们可以将很多技术都归纳在媒介技术的范围内，不管它本身是否属于其他的集合。例如，互联网技术、信息技术，以及智能时代的智能技术，只要是在人类的信息传递中起到推进作用的技术，我们都可以将它们的某个部分纳入媒介技术。

（一）前融合时代的媒介技术

前融合时代出现了广播电视和报刊等传统媒体开展合作的实践，而这一时期传统媒体依赖的技术主要是印刷技术以及模拟电子技术，但随着卫星通信技术的进步与数字化的逐渐引入，在后期已经开始呈现数字化趋势。在这个时间段，我国的印刷技术正好处在一个告别“铅与火”，迈入“光与电”的关键时期。一直到20世纪80年代，我国的报纸印刷仍然处于“铅与火”的时代，这期间，中国科学院院士王选[①]等人不断探索最新的激光照排系统并最终取得突破。

1987年12月，《经济日报》计算机—汉字激光照排系统正式验收，这种排版系统在全国迅速推广，在解决了电子排版这个技术难题后，同时由于社会信息量的需要的增加，各报版面也开始扩张。1990年，我国基于页面描述的报纸远程传版系统完成，打破了地域限制，提高了信息传输的时效性。1992年，我国首次出现文字与彩照的合一处理输出，彩版报纸开始普及。这一时期被称为我国印刷技术的二次革命，基于印刷技术的报刊也在这一时期迎来了飞速发展。1984年，中国发射第一颗试验通信卫星——“东方红二号”试验通信卫星。20世纪80年代，我国开始应用自己的卫星通信广播；1990年，“亚洲一号”通信卫星发射，电视卫星直播时代开启。

虽然这个时期的广播电视主流技术仍然是模拟电子技术，但是广播电视的数字化趋势已经非常明显。所以，此时的传统媒体在技术层面上并没有太多可以融合的动力，印刷技术的革命使报刊在这一时期有着很强的内容生产力与影响力。纸媒与其他传统媒体的协作更多是通过人工和业务运作层面的交集；而广播电视

① 王选（1937年2月5日—2006年2月13日），毕业于北京大学，计算机文字信息处理专家、中国科学院院士、中国工程院院士。他从事计算机逻辑设计等方面研究，是计算机汉字激光照排技术创始人，被称为“汉字激光照排系统之父”，曾获得国家最高科学技术奖、陈嘉庚科学奖等奖项。

则处在一个模拟电子技术时期，尚未形成全面的数字化，各媒介产业之间无太多技术关联与互通，整体的协作也仅仅停留在活动的合作等内容。

（二）互联网和网络技术发展，媒介融合之路的开启

1994 年，互联网进入中国，以信息技术和数字技术为基础的网络技术开始迅速发展。报纸媒体与广播电视媒体都开启了自己的数字化之路。数字技术是互联网引入的同时带来的新的技术推力，从电子管、晶体管的电子元件发展应用，到计算机技术的发展，都在推动数字技术的进步，数字技术的升级带来的是信息处理能力的提高，因为数字技术最大的特征就是用二进制代码转换信息，便于计算、存储，同时也更具稳定性。同时，光纤通信技术的进步加快了信息传播的速率。而信息处理能力的提升与信息传播速度的加快都对传统媒体的发展有着极大的促进作用，也推动了传统媒体开启数字化之路。互联网进入中国后，报刊开始通过互联网发行电子版，并开展互联网业务，广播电台也开始创办网络电台。

如前所述，我国传统媒体在这一阶段的发展特征就是“上网”，但在互联网的逻辑下，广播电视对自身传播生态和形态的再造明显强于报刊。因为广播电视媒介从技术应用的层面而言与信息技术和数字技术更具亲和性。例如，中央人民广播电台推出的音频、视频实时传输网站，就能够通过网站播出广播电视节目。而这一时期，传统媒体开始了更深层次的互联网探索。1997 年，《人民日报》网络版上线，开启了我国媒介数据库的建设，同年，“中国互联网新闻中心”开通，建成我国第一个网络新闻综合平台。同时在体制上，也出现了行政机构与企业实体多个部门相结合、新媒体与传统媒体相结合的创新结构。

（三）大数据、人工智能、移动互联网技术的推动

在数字传播时代，传统媒介受到了一定的冲击，需要借助新媒介的力量完成传统媒介的新发展，同时在这个时代，传统媒介与新媒介之间也出现了交叉点，融合趋势已经出现。但整体而言，还未能真正达到打破壁垒的技术高度，直到智能时代的到来，随着大数据、人工智能、移动互联网技术的发展，传统媒介的融合发展之路迎来了新的阶段。

1. 数据技术对传统媒介融合发展的影响

在互联网高速发展，信息生产门槛降低后，大量的信息与数据带来新的困难，

人们需要在其中搜集甄别到有用的数据与信息。数据技术成为这个时代重要的技术，大数据和云计算、算法推荐等技术也涉及其中，具体的原理其实就是通过这些计算技术抓取和挖掘数据，并进行实时分析、分类与反馈。全球的传统媒体也都在尝试通过数据分析来实现优化，如《金融时报》推出的数据分析工具，就是通过点击率、停留页面时间、屏幕滚动时间等来了解哪些新闻类型更受欢迎。《金融时报》的 Lantern、《卫报》的 Ophan，《纽约时报》的 Stela，都是用以测量与媒体和用户相关的各项数据。我国也有尝试在"两会"期间推出《据说两会》等内容。

2. 智能技术的发展对媒体融合的推进

人工智能技术代表着时代未来的发展趋势，在媒介融合发展过程中同样如此。吕尚彬[①]教授按照人工智能技术在平台中不同层面的体现，将人工智能技术在平台的体现分为基础层、技术层、应用层。平台的基础层主要是利用数据、算法等相关技术进行数据处理；而平台技术层则是包括语言处理、知识图谱等技术，这些技术能直接提升其对音频、图像、视频等内容的处理能力；平台的应用层体现的是以人机协同作为技术使用的逻辑，从产品服务、场景应用，以及市场推广等多个方面围绕人机协同构建 AI 开放平台，形成智慧生态圈。运用智能技术的新媒体平台，在这段时间的发展更为迅猛，这些新媒体平台通过定位信息、语言处理和图像识别等技术对数据进行搜集，从而分析用户使用行为，进行受众精准定位与内容精准投放，进而增强传播力。新媒体平台的迅速发展也表现出了智能技术对媒体的巨大促进作用。

传统媒介要想求得生存，必须依靠智能技术。首先是内容生产层面的运用，使用这些人工智能技术能在传统媒体的新闻采编、制作、播报等多个方面提升效率，并且能将除传统媒体以外的社交媒体、广告商等其他平台进行链接，形成传播矩阵；其次是内容分发逻辑的转变，新媒体平台为传统新闻传播业提供了一种全新的运营思路，即打造新闻聚合类媒体。简单来说就是通过爬虫等信息采集技术进行新闻及

① 吕尚彬（1962 年 8 月—），文学（新闻学）博士，武汉大学新闻与传播学院教授、博士生导师，教育部重点人文社会科学研究基地武汉大学媒体发展研究中心副主任，还兼任中国媒介经济与管理学会副会长、中国广告协会学术委员、中国新闻传播教育学会理事、日本吉田秀雄纪念事业财团客座研究员、日本广告学会会员、《广告学报》编委、《中国媒体发展研究报告》执行主编等职。

信息抓取，再将内容在平台上通过算法推送二次分发，这样的运营逻辑与传统媒介的生产与分发逻辑完全不同，这也就加速了传统媒介的结构性改变。

3.5G 移动互联网技术

网络的连接分为电缆、光纤和无线这三种接入方式，而如今与媒体融合发展关系最为密切的就是无线接入，无线接入先前可划分为 3G/4G 接入和 Wi-Fi 接入，这也是现在人们使用移动互联网中最常见的接入方式。2019 年，中国 5G 商用时代开启。中国的移动通信技术，从 1G 到 5G，逐渐从模拟时代走向数字时代，再从语音时代走向数据时代。5G（5th-Generation Mobile Communication Technology）即第五代移动通信技术。5G 技术实现了人、机、物、系统的全面连接。自 2019 年商用以后，5G 技术与物联网、智能交通、智能制造、虚拟现实等领域的融合应用更为深入。5G 技术峰值速率可达每秒 10～20 吉比特，时延指标 1 毫秒，流量密度每平方千米每秒 10 太比特，连接数密度可达每平方千米 100 万个，移动性可达每小时 550 千米。5G 技术与人工智能、物联网、大数据、虚拟现实等新一代信息技术的融合，不断拓展其在工业、农业、商业、文化娱乐、公共服务等领域的新场景应用。

5G 应用具有三大优势：增强移动宽带、高可靠低时延连接、海量物联。5G 技术具有高速率、低时延、大连接的特点，使得前文中提及的包括 VR、AR 在内的智能技术能够突破现有瓶颈，尤其在终端的“落地”上，传感器和可穿戴设备会随着 5G 的出现，呈现出便携式、高清晰度、低时延性的发展趋势。而数据平台海量数据、带宽不够以及功耗过高等问题也会因为 5G 的高速率、低时延、大连接得到有效解决。据思科研究表明，未来的无线连接设备数量将迎来巨大增长，不仅能够承担数十亿场所与人的连接，还能承担数百亿物的连接，开启万物互联时代。

5G 技术对传统媒介而言，是发展过程中的一大机遇。一方面，5G 作为一项变革性技术，不仅挑战传统媒体的运营逻辑，也挑战新媒体的运营逻辑，这一次，双方是站在同一起跑线上；另一方面，5G 技术的进步会使社会连接的初步格局构建完成，网络媒体的传统业务基本已经完成了布局。而 5G 时代的物联网趋势是将“线下”向“线上”转移，仅仅靠互联网公司的“连接力”是不够的，必须落实到专业的、具体的“线下”服务。这对于长期提供信息公共服务的传统媒体而言，无疑是新的机遇，如在我们熟悉的共享电动车上，出现了“人民出行”的身影，可见传统媒体也在充分利用这一时代。

二、产业融合动力

我国的媒介融合仅仅是在技术层面吗？如前面所述，“媒介”概念本身就存在技术、信息、载体，以及组织和产业的不同角度的界定，因此关于媒介融合的层面也自然有着不同的理解。而媒介融合本来就不是一个孤立的现象，既然是融合，就代表着它绝不单单是某个技术的融合，也不仅仅是产业内部的某个组织的合并与重构，它还包含着其他产业的融合与发展，是对整个媒介产业的升级与重构，其本质是产业间的产业融合。

（一）媒介技术如何促进媒介产业融合

在了解媒介技术发展如何影响媒介产业时，我们首先需要明确新技术对产业的影响，多媒体和互联网技术会在全新的行业中建立起一个全新的边界，这种重建会重塑新的方向，也会引发现有行业重组。由此，我们可以看到技术对经济的影响，在一定程度上说，主要是通过影响产业边界，从而推进经济结构的变化。结合这一定义，我们可以将产业融合总结为由于技术进步和管制放松带来的媒介市场边界的模糊和产业革命的发生。

综上所述，从媒介产业的角度出发我们可以将媒介融合表达为由于媒介技术的进步，使得媒介内部的产业或者与其他产业之间的边界出现技术融合，促使媒介产品特征和媒介市场需求发生变化等。结合现阶段传统媒体的特征，在一定程度上说，我们可以将传统的媒介产业分为印刷媒介、电子媒介，这两类产业分别依托于印刷技术与模拟技术。

传统的媒介产业原先在采取的技术手段与使用的技术设备等方面都存在着明显差异，首先，传统报业仍然是在印刷技术的框架内，与其他媒体之间本就存在明显差异；而广播与电视网络虽然同属于模拟电子技术，但由于传输信道的分开、接收终端不同，导致这一时期传统媒体产业分隔现象还是非常明显。而数字技术的发展，使得各媒体内部首先实现了共通，媒介内部生产、渠道、服务等方面实现重构。互联网协议的产生，使得传统媒体与新媒体的网络技术边界消失，而智能手机等终端的融合，也促进了传统媒介的产业融合。

（二）资产通用性的提高

所谓资产通用性，是指在保存资产价值的前提下，某一项资产替换其他资产或者与其他资产融合使用，资产的通用性一定程度上体现了资产的柔性化特征，成为现代产业经济视角下的重要特征。

信息技术的发展让网络视频和电影电视等产业具有了部分相同的资产结构，典型的如信息内容、企业品牌、知识产权、客户关系等，这些资产中大部分是无形资产，而无形资产是最具有柔性化特征的资产内容，这就决定了互联网与电影电视产业之间具有相当一部分通用性资产。

在此前提下，不同行业之间的生产要素实现转移只需要较少的成本，由此也使媒介之间融合所遇到的资产阻碍比较小。

（三）产业融合对传统媒介融合发展的推进

1. 产业融合对传统媒介市场的重构

产业融合带来的变化体现在产品的可替代性增强和差异化增强。这会导致传统的市场边界发生游移，也使得原本的传媒市场结构被重新定义，产业经济学认为，传统的市场结构分为完全竞争、垄断竞争、寡头垄断、完全垄断四种结构。而传媒产业由于其自身的规模经济和范围经济的特征，大部分属于垄断竞争市场和寡头垄断市场。产业融合使得传统媒介面临的市场竞争已经不再仅仅局限于广播电视与报刊的各自分割的传统领域，而需要面对互联网带来的全新的相互交融的新兴市场。例如，从社交媒体到网络视频，再到用户自创内容等，这些新出现的市场本身与传统媒体产业的业务就有交叉重叠的部分。正如传统媒介现在也必须面临互联网市场的冲击，产业融合带来的市场边界的模糊与变化引发了传媒产业市场结构调整，传统媒介就必须适应市场结构的变化。

2. 传统媒介市场变化推动传统媒介产业价值链升级

随着产业融合进程推进以及市场结构的变化，在一定程度上说，原本传统媒介的业务也发生了变化，传媒产业主要包括报刊、广播电视，但随着产业融合的深入，数字出版、电商等增值服务也开始成为传统媒体产业的一部分，这些内容形成了新的产业价值链。

价值链是指一个产业内各种活动的组合，产业链原本是指产品从原材料采购到销售至用户的一整套活动所形成的功能性链条，产业价值链就是指一个产业从原材料引进到完成最终消费，并在这整个过程中增加价值的部分。产业融合发生前，不同产业链在各自内部呈线性分布，这也符合企业运行降低交易成本、纵向一体化的特征。但随着产业融合，这些原本平行的线性产业链开始有了交集、有了连接。例如，传统媒体原本的资源供应、内容生产、市场销售、信息反馈链，这些单线的价值链会随着业务的增多与产业间边界的消失而改变。

3. 产业价值链升级推进传统媒体产业内部结构优化

传媒企业将价值链增值部分外包给其他企业，就形成了新的产业关系，随着这种关系不断延伸扩展，企业内部负责这层关系维系的部分也会随之壮大，企业本身就会成为企业集团。这一推论体现出的就是产业价值链升级推进传统媒体产业内部结构优化，也体现出产业融合对我国传统媒体结构的直接影响。

企业之所以会“外包”，就是原本为了降低交易成本，呈现纵向一体化特征的纵向融合模式不再具备降低“交易成本”的优势，因为在产业价值链升级，产业间壁垒被打破后，原本高昂的“交易成本”也会随之降低，所以通过“外包”利用相关企业与产业执行增值服务更能节约成本，同时提升服务质量。这样的优化在传统媒体“制播分离”中就体现得非常明显。

而传统媒体为实现这种“外包”就必须具备“市场化”的企业管理机制，因此我们看到在“媒介融合元年”之后，传统媒体迅速通过业务缩减或扩张进行市场探索，其中最常见的方式就是上市，据不完全统计，截至 2018 年 8 月，内地 A 股传媒概念股有上百家；截至 2021 年，中国 A 股市场的文化传媒概念股一共有 181 家。

进入证券市场后，市场化与公共化并存能使企业管理更加规范。在外部，传媒产业市场边界不断向外推移，市场规模随之扩张；而在企业内部，公司的组织结构在整体产业发生变革的影响下，也形成了网络型企业组织结构。因此，集团化发展成为我国传统媒体发展的新趋势，推动了现代媒介的融合。

三、政策供给与规制改革动力

媒介融合的本质是媒介产业间的融合，而影响产业融合的两个重要因素是技术革新与放宽限制，技术革新是以互联网为代表的新技术改变传统媒体的产业边界从而推进媒介产业融合。而放宽限制在我国则更多是通过政策供给与规制改革来实现。从西方产业政策的经验来看，我们可以将产业政策划分为产业组织政策、结构政策、布局政策和技术政策。而西方的产业规制往往分为民间主导型、政府主导型、政府民间平衡型。我国传媒产业的政府规制与政策和西方的产业规制与政策有相似之处，但同时存在着很大不同。

我国传媒产业最大的特点在于“双重角色”，这一特点使政府在进行媒介治理时，同样也承担着“政治性政府”与“经济性政府”的双重角色。因此在我国传统媒介融合发展的道路上，政策供给与规制改革不可分割，所以一方面结合西方媒介的政策与规制经验，另一方面立足于我国的传媒体制，对产业技术扶持政策与技术管理边界重构，以及传媒规制的体制变革与结构调整两个方面进行分析。

（一）产业技术扶持与技术管理边界重构

1. 相关技术扶持政策

2019 年是全球 5G 商用提速的关键一年，5G 技术对传媒产业的融合发展至关重要，2019 年 6 月 6 日，工信部发放 5G 牌照，开启我国 5G 商用时代。5G 给传统媒体带来的直接技术影响，就是超高清视频，这一年，颁布了《超高清视频产业发展行动计划（2019—2022 年）》。此外，广电总局发布 AVS2 4K 相关技术文件，对以 5G 为代表的移动传输新技术的应用与搭建进行了整体的规划与部署。这些政策与标准直接从专业技术角度为传统媒体的技术应用提供了政策指导与保障。

2. 技术管理边界重构

这其中最重要的就是“三网融合”政策，“三网融合”政策是研究我国媒介规制必须考量的政策背景。“三网融合”本身是一种产业融合现象，电信网、计算机网、有线电视网之间随着数字技术与互联网技术的进步，产业间的边界变得模糊，出现交叉重合的部分，原有的行业出现混业经营的现象，因此随着技术的推进，西方部分发达国家已经开始了网络融合工作并进行了监管，如美国的 FCC、英国的 OFCOM。此时的“三网融合”已不仅仅是指产业融合现象本身，而是一项依赖于政府规制变革的媒介发展路径。

1999 年 9 月，为了平息通信系统和广电系统之间的野蛮竞争，国务院出台了相关文件。直接明确在通信部门与广播电视业务之间划清了界限，业务相互分开，彼此不得融合经营。所以在此期间，各行业搁置争议，各自发展。但这种规制实际上违背了技术发展带来的产业融合的基本趋势，导致了效率的降低和社会总福利的损失。在相关政策出台之后，数字技术与互联网的进一步发展，数字电视、IPTV、网络视频、CMMB 与 3G 手机媒体的出现，越来越多的新技术与新产业使得原本分属于广电和通信之间的业务界限和壁垒进一步模糊和消解。终于，在 2010 年，为顺应技术和产业发展的客观需要，国务院正式推进“三网融合”。广电企业与电信企业在新的政策推进下，能够在一定条件下经营原本属于对方的业务，甚至在广播电视机构与电信企业之间还可以直接进行多种合资合作经营。

除此之外，关键系统、软件、设备的产业化，也带动了数字出版等新兴产业的发展。“三网融合”本身是技术发展下的一种广播电视业、电信业产业融合现象，但由于这些产业本身是媒介融合发展的技术主体，这一特殊性使得“三网融合”成为媒介融合发展的产业变革动力，也使“三网融合”成为国家推进媒介融合发展的规制变革与政策供给重点，反过来进一步推进媒介产业融合。

（二）传媒规制的体制变革与结构调整

1. 传媒组织的变化

产业组织政策原本指政府制定干预市场结构和市场行为、调节企业间关系的公共政策。按照政策取向一般可分为“鼓励竞争、限制垄断”的竞争促进政策以及“鼓励专业化、规模经济”的产业合理化政策。针对我国传统媒体发展近年来呈现出的变化与困境，我国传统媒体的产业组织政策更多采用产业合理化政策。

进入 21 世纪后，我国产业组织政策与规制就形成了国家层面的按照专业化分工协作、规模经济的原则，通过上市、兼并等方式形成大型企业集团，21 世纪以来，传媒产业也呈现出集团化趋势，各地方媒体也都纷纷整合地方媒体资源，成立传媒集团。

2. 传媒管理体制的变化

2013 年，原本的国家新闻出版总署以及国家广播电影电视总局这两家单位合并，组建国家新闻出版广播电影电视总局，以加强管理。这次改革直接改变了我国传统媒体管理机构，也为我国传统媒体融合发展提供了结构上的支持。大部制改革既是对我国产业管理结构的一个巨大改变，反过来也意味着产业边界已经发生了明显的变化。2018 年，《中共中央关于深化党和国家机构改革的决定》和《深化党和国家机构改革方案》发布，我国的传统媒介管理机构又迎来了新的变化，组建中华人民共和国国家广播电视总局，并将其列为国务院直属机构，这也是我国广播电视管理体制自 2013 年以后又一次新的变革。

3. 传媒布局结构的调整

2014 年，媒体融合发展战略正式上升至国家层面，中共中央出台的《关于推动传统媒体和新兴媒体融合发展的指导意见》，提出了加快建设新型主流媒体的目标，这一目标也决定了这一时期我国传统媒体融合发展的重心主要集中在中央级、省级媒体的融合与改革上。而在 2018 年，国家出台《关于加强县级融媒体中心建设的意见》等一系列政策，县级融媒体中心政策正式成为我国传统媒介融合发展的新“路标”。这一政策在改变我国传统媒介布局结构的同时，也推进了我国传统媒介融合与改革从中央级媒体向下深入。与此同时，各省市也出台了各种政策和方针，如 2022 年，为推进山东省县级融媒体中心进一步深度融合发展，山东省广播电视局印发了《关于进一步推进县级融媒体中心管理和发展的意见》。

第二节　现代媒介融合的潜在矛盾

一、媒介融合 VS 社会信息总量

信息社会的逐渐成形使得“信息”成为这一时代的关键词，个体信息保有量代替财富和地位，成为每一位个体成功与发展的“秘诀”。而与信息社会、信息海洋、信息过剩相对应的，却是信息稀缺、信息贫乏，即数字鸿沟，数字鸿沟一词的起源有多种说法，1991 年出版的《权力的转移》一书中就曾提及有关数字鸿沟的概念；1994 年美国前副总统艾伯特·戈尔（Albert Arnold Gore Jr.）提出获取信息能力强的个体与获取信息能力弱的个体之间存在差距，这是学界当前较为认可的数字鸿沟概念的起源。随着数字鸿沟一词在社会、学术界等场合频频出现，学者逐渐深入研究数字鸿沟概念的界定。数字鸿沟概念随着时间的推移正在不断地进行丰富与迭代。在 21 世纪以前，能否使用信息或通信技术即是否能

够接入数字技术设备及互联网连接是衡量是否存在数字鸿沟的标准，这种根据数字技术的接入性而定义的数字鸿沟称作“一级数字鸿沟”或“接入鸿沟”，数字技术接入性取决于各国的基础设施建设水平，如固定宽带建设、移动电话等。数字鸿沟在西方统称为“digital divide”，有时也叫“digital gap”或者“digital division”，是指数字差距或数字分裂，又称为“信息鸿沟”，也就是“信息富有者和信息贫困者之间的差异”，包括国家、民族、性别和代际差异，甚至还有阶层、行业、城乡和年龄差异。可以说，“信息沟”已经成为今天信息社会的一道并不亮丽但无处不在的景观，“由于社会经济地位高者通常能比社会经济地位低者更快地获得信息，因此大众媒介传送的信息越多，这两者之间的知识鸿沟也就越有扩大的趋势”。而且，新媒介技术层出不穷，更新换代的周期越来越短，其趋势更可能是“老沟”未能填平，而“新沟”又不断出现。可以说，“信息沟”非常显著地体现出信息社会中信息增长与个体信息获取量之间的非正相关关系。那么，作为社会信息集散地与传播中枢的媒体，自然处于信息流通与发布的核心地位，而旨在促进各类媒介之间融合互通的媒介融合同样与信息具有天然而紧密的关联。当媒介融合在不断推进着这种数字化生态的同时，社会信息总量是增多了还是减少了？媒介融合的发展之于“信息沟”的弥合起到的是积极作用还是负面作用？媒介融合实践是否有助于个体信息保有量和使用率的改善与提高？这一系列问题折射出媒介融合与信息总量之间错综复杂的关系。

二、媒介融合 VS 新闻自由

作为新闻传播界的基本原则与最高目标，新闻自由是言论、出版自由在新闻活动中的体现。新闻自由既包括公民有通过报纸和新闻期刊等出版物表达思想见解的权利；也包括公民通过广播、电视等出版手段发表意见的权利；还包括公民通过新闻媒介了解国内外大事，获得各种信息，表达并传播各种思想和见解，参与国家生活和社会生活的政治权利。《中华人民共和国宪法》第三十五条明文规定：“中华人民共和国公民有言论、出版、集会、结社、游行、示威的自由。”

实际上，所有新闻传播实践追求的终极目标都是在现实世界中最大限度地实现新闻自由。应该说，网络及其所代表的新媒体极大地拓展和延伸了新闻自由的广度与深度，已成为当下中国思想文化信息的集散地和社会舆论的放大器，因此网络也被赋予了各种神圣的名号，如“网络共和国”“网络乌托邦”等。而以网络为基本线索得以连接和实现的媒介融合，自然或多或少地被承载了实现新闻自由的期待。

有人说，媒介融合使新闻自由度增强了；有人则说，媒介融合实质上并未改变当前新闻自由的现状。应该说，从法律规定与实践需要两方面来说，新闻自由都具有合理性，但在实现过程中，它依然面临着一定程度的困境，如果再考察媒介融合实践的现实情况，可以说它还远远没有达到其理想境界，至于新闻自由的作用也尚未发挥到应有程度，甚至在某些时候、某些方面，还可能造成对新闻自由的阻碍。因此，如何处理好媒介融合与新闻自由之间的协调和平衡，是每一位致力于媒介融合的新闻人必须直面的问题。

三、媒介融合 VS 知识产权

与媒介融合紧密相连的另一个问题是知识产权。知识产权制度发源于欧洲，专利法最先问世，英国 1623 年的《垄断法规》是近代专利保护制度的起点。根据《建立世界知识产权组织公约》规定，知识产权包括：具有文学、艺术以及科学的成果的权利；涉及表演、唱片与广播作品方面的权利；不同领域、方向、范围的发明；与科学发现相关的权利；涉及工艺品外观设计的权利；涉及商标、商业名称及服务标识的权利；涉及预防商业不正当竞争的权利；其他权利。根据上述条款，广义上可以将知识产权概括为权利人在法律规定范围内，对其创造出的智力成果的一种专有权。狭义视角上，知识产权主要是指商标、专利以及防止不正当竞争权等。其中专利权和企业创新活动、企业发展竞争等联系最为紧密，专利又细分为三类，即发明专利、外观设计专利以及实用新型专利。

总之，知识产权涉及人类一切智力创造的成果。在信息发布、获取和交流日益频繁的今天，知识产权纠纷随之逐渐增多。

专有性是知识产权的本质特征，如何保证网络信息环境下知识产权的专有性不被削弱、如何保证专有权的实现，不仅是一个理论问题，也不仅是网络立法问题，而是一个从理论到实践的涉及立法、司法、执法的综合问题，是一个应当认真探讨的问题。从媒介融合的角度看，可以说，知识产权所具有的专有性这一本质特征与媒介融合的互通、共融要求之间具有某种程度的固有矛盾，这也是不少媒体实践中所面临的困扰，尤其体现在传统媒体与网络媒体的信息传播过程中。如广州日报报业集团滚动新闻部与集团采编部和大洋网联手互动，共同策划、报道了2007年“6・15”九江大桥坍塌事故、2008年北京奥运会等重大事件，取得了非常好的社会效果。但是，在这一过程中凸显了版权维护问题，并成为媒介融合中不得不正视的严肃问题。

在当今媒体竞争激烈的形势下，如何保证传统报纸的独家采访特点，是一个非常具体的问题。有的新闻网站以快制胜，克服了报纸的出版时限，抢得了新闻的第一发布权，这对报纸的独家采访特点造成了一定的威胁。有时记者跑了一天的新闻，瞬间就被其他网站转走，前后不过几分钟，等于为他人做了嫁衣。也就是说，媒介融合中的知识产权问题，既涉及传统媒体，更因为以网络为代表的新媒体的兴起而变得日益扑朔迷离，这一问题不解决，势必影响到媒介融合的健康发展。

第三节　现代媒介融合的发展前瞻

一、媒介融合关键技术发展前瞻

（一）三网融合

1.“三网融合”的内涵

“三网融合”的概念发源于西方，MIT媒体实验室主席尼葛洛庞帝（Nicholas Negroponte）是最早提出“三网融合”理念的学者，他认为随着信息技术的进步，计算机、广播电影和出版印刷业之间会相互渗透、交融，最后三个领域会完全重叠，形成一个全新的领域。“三网融合”从内涵上主要包括三个层面，即电信网、互联网和广播电视网，未来的发展还将涉及行业的融合。这几个层面所带来的本质上的特点有以下几点。

第一，技术发展方向上的一致化。网络层面的融合并不是指网络物理基础的融合，更多的是指各种网络之间的互联互通。我国的电信和广电系统在各自的发展过程中，出于对自有领域的封闭保护，都发展出了自己独特的业务网络；而我国的互联网主要是承载在电信网上，由互联网衍生而来的移动互联网也是承载在电信的移动网络上。随着电信和广电领域的数字化程度的进一步加强，不同网络之间的互联互通将更为容易。

第二，业务上的相互竞争、渗透。“三网融合”将打破过去的内容形式和服务形态，随着 IPTV、手机电视等融合业务的不断深入发展，电信网、广播电视网和互联网之间的壁垒正在逐渐被打破。随着试点的开展，电信和广电之间的双向进入准则也已确定。在试点初期，不管是政策利好的广电系统，还是有着优质传输网络基础的电信系统，以及日益蓬勃发展的互联网，融合后开放的内容领域都将是未来一个时期内竞争的焦点。内容融合和用户的关系是比较紧密的，随着互联网的发展，电视用户的年龄层次正不断升高，晋级为“传统媒体”的电视也在冲击中积极转型，与新媒体合作。电视购物频道、电视电子支付、电视点播以及各种互动形式的电视节目正逐渐走入人们的生活，而多媒体内容的融合则将更加受到关注。制播分离模式的实施将为丰富未来内容领域打下良好的基础，各类视频网站也备受用户追捧。

2.“三网融合”的发展历程

（1）“三网融合”的酝酿萌芽阶段：1997—2009 年

随着 20 世纪 90 年代互联网进入中国并逐渐推广，电信、广播电视和互联网的融合问题开始在中国出现，并在学术界引发激烈的探讨。1997 年，第一次全国信息化工作会议中首次提出广电、电信和计算机的“三网合一”，“三网融合”概念的早期雏形出现。随后，1988 年就有学者提出有线与无线通信、电信和计算机、网络产业和其他产业相结合是未来网络信息产业发展的方向。经过众多学者关于我国电信业改革趋势的争论，“三网融合”这一概念才正式走进我国大众的视野，但这一时期关于“三网融合”的讨论还停留在学术争论阶段，政府并没有出台鼓励“三网融合”的相关政策措施，甚至在政策层面是限制“三网融合”发展的。例如，1999 年出台的《关于加强广播电视有线网络建设管理意见的通知》中规定电信部门和广电部门不得从事交叉业务，这就为“三网融合”发展建立了一道不可逾越的政策壁垒。直到 21 世纪初期，“三网融合”才首次政府政策中出现。2000 年，第十个五年计划的建议中首次提到要促进三网融合发展。随后，2001 年的第十个五年计划的纲要中则明确提出要推动“三网融合”发展，这标志着“三网融合”在政府政策层面得到认可。2006年的“十一五”规划中提出要通过加强基础网络建设促进“三网融合”发展。中共中央2008年再次强调要加快通信网、电视网和互联网等信息基础设施建设，推进“三网融合”。2009年《关于深化经济体制改革工作意见》中提出允许广电和电信双向业务进入，大力推进“三网融合”。由此可见，虽然21世纪初的两个五年计划都明确提出要进行“三网融合”，但这一阶段的“三网融合”更多是在国家政策层面，在实践上并没有真正得到深入推进，“三网融合”处于酝酿和萌芽状态。

（2）“三网融合”的试点推广阶段：2010—2015年

2010年之后，相关政策的不断出台成为我国“三网融合”发展的重要推动因素，我国“三网融合”至此进入快速推进时期。2010年7月，为确保“三网融合”首次全国试点的顺利进行，有关部门颁布了《关于三网融合试点工作有关问题的通知》，要求试点地区加强组织协调，制订试点实施方案，做好业务许可申报工作，落实监管职责，营造良好环境。“三网融合”试点工作的开展标志着我国“三网融合”结束了十多年的酝酿期，从2010年开始进入实质性推进时期。为贯彻执行“三网融合”战略，2011年国务院再次发布第二批“三网融合”试点地区名单，“三网融合”试点地区由原来的12个扩展到54个，其中四川省的绵阳市和成都市先后进入试点名单，率先进行“三网融合”试点。2013年，工业和信息化部组织实施“三网融合”推广阶段的工作方案，“三网融合”进入全面推广阶段。2015年出台的《国务院办公厅关于印发三网融合推广方案的通知》明确指出，要基于试点经验全面推进“三网融合”。就这一阶段我国政府关于“三网融合”发展的预期目标来看，2010—2012年主要是尝试推进广电和电信间的业务融合，并摸索出规范推进“三网融合”的政策支持体系与保障机制。2013—2015年则主要进行经验总结推广，实现相关业务的全面推广，打造竞争与合作并存的产业生态，形成同“三网融合”实际相符合的机制体制与科学合理的“三网融合”监督管理体系，为全面推广“三网融合”奠定基础。总的来看，该时期我国的“三网融合”处于“摸着石头过河”阶段，重点在于试点并推广适合我国的“三网融合”经验。

（3）“三网融合”的深入发展阶段：2016年至今

2016年至今，中国“三网融合”工作全面展开并取得一定成效，逐渐进入全方位深入发展阶段。2016年，《关于在全国范围全面推进三网融合工作深入开展的通知》重新明确了当前“三网融合”业务的有关工作内容和相关政府部门的监管职权；同年，《关于加快推进全国有线电视网络整合发展的意见》指出要加快完成全国有线电视网络的整合；2018年，为规范全国“三网融合”，国家层面出台了《关于开展IPTV专项治理的通知》，明确要求各地方政府应加强“三网融合”主要业务IPTV的专项治理，清理违规内容，确保IPTV的节目内容合规、绿色和正能量；2020年，《全国有线电视网络整合发展实施方案》提出由广电牵头联合其他投资者共同组建中国广电网络股份有限公司，对全国有线电视网络进行统一管理。传统的管理模式采用中央、省、市、县“四级办”的体制，机构冗杂，管理效率低下，难以适应“三网融合”的要求。因此，广电积极进行内部整合，通过签订战略合作协议、达成意向等多种方式与省级广电网络公司进行整合，加快实现“一张网”，推进三网融合深入发展。

3.“三网融合”的技术基础

（1）数字技术

数字技术的应用，使电话、数据、图像等信号能够通过统一的编码进行传输交换。这些业务在网络中都变成了“0”或“1”的比特流，存储进数字终端后，最终以音频或视频的方式呈现出来，是信息传输与处理的基础。

（2）宽带技术

宽带技术的核心是光纤通信。“三网融合”后，业务数据量大、服务质量要求高，数据传输时需要很大的带宽。光纤通信满足这一要求，在保证传输质量的同时，能显著降低成本。

（3）软件技术

软件技术的应用，可以支持用户需要的特性、功能和业务。以各类App为例，其成为人们获取新闻资讯、进行沟通交流的必要手段，同时扩大了广播电视节目的影响力。

（4）IP技术

广播电视节目内容数字化之后，利用IP技术，才能承载在通信网络介质上。在IP技术的支持下，可对多种业务数据、软硬件环境、通信协议进行集成，方便对网络资源开展综合性的调度管理。

（二）超高速网络技术的发展

1. 移动通信网络的发展

20世纪80年代初期，美国电话电报公司（AT&T）研发设计了一套移动通信系统用于电话业务，第一代蜂窝电话系统逐渐成形，其缺点是无法漫游以及保密性较差。为了解决第一代蜂窝系统存在的缺陷，全球通信系统（Global System for Mobile Communications，GSM）作为第二代无线通信系统应运而生，不但提供了更加完善的网络，还改善了话音业务质量，与此同时数据业务也逐渐发展起来。在GSM之后随之而来的是IMT−2000（International Mobile Telecommunications−2000），即采用码分多址（Code Division Multiple Access，CDMA）技术的第三代移动通信系统，能够提供更快的数据传输速率、更灵活的移动性以及更加丰富的业务种类。4G通信技术使用正交频分复用调制（Orthogonal Frequency Division Multiplexing，OFDM）的OFDMA多址技术，通信网络包括WiMax、LTE以及LTE−Advanced。到2018年，3GPP全会通过了第五代移动通信技术标准（5G NR）独立组网功能冻结，标志着5G已经完成初步的全功能标准化。2020年，基于移动互联网的网络应用与服务需求增加，新基建的实施落地部署，促使着移动互联网各方面基础建设开展技术创新与智能迭代，移动互联网进入了崭新的变革时期。2020年底，我国4G用户总数增加到21.89亿户，5G终端数量已经超过2亿个，其中网民规模已达到9.86亿。参照《中国移动互联网发展报告（2021）》，第五代移动通信网络的建设推进速度显著，蜂窝网络用户陡然增加，在2020年即将结束之际，中国的全球最大5G网络已经建成，全国移动通信基站总数较前年增加90万个，已经达到931万个，其中5G基站71.8万个，较上年新增52万个。此外，蜂窝物联网用户较上年增加1.08亿户，总数达到11.36亿户。截至2022年5月末，国内三家基础电信企业发展蜂窝物联网终端用户达15.9亿户。第五代移动通信网络推进工业互联网和区块链技术飞速发展，为移动通信网络基础建设带来新的压力。

如此庞大的移动通信网络用户规模，对现阶段的网络建设以及服务质量保障提出了更加严格的要求，连续的广域覆盖作为提升无线网络性能的关键环节变得愈发重要，与此同时，人工智能技术愈发成熟，与各行各业的融合及产业落地愈发普遍，为移动通信技术的发展提供了新的思路。

2.5G 网络与关键技术

5G 的关键技术包括大规模 MIMO、毫米波通信、新型多载波调制技术、致密组网和异构网络、设备到设备通信（Device-to-Device，D2D）和软件定义网络 SDN 等，其中对于新型多载波调制技术，5G 有多种备选方案，典型的有 FBMC（Filter Bank Multicarrier）、GFDM（Generalized Frequency Division Multiplexing）和 UFMC（Universal Filtered Multi-Carrier）等，这些技术实际上都是 OFDM 的改进技术，在具备 OFDM 的抗干扰性强和信道利用率高的优点的同时还弥补了 OFDM 旁瓣衰减大和对同步要求高的缺点。而在实际应用时，都会把 MIMO 技术与多载波技术结合使用，可以提高系统容量和频谱效率。这些新型的多载波调制技术是保证数据传输速度、网络稳定性的前提，基本过程都是先将串行传输的数据信号转化为多个并行的数据流，然后将这些并行的数据流分别加载到高频载波信号上，再通过信道进行传输。但信号通过复杂信道进行传输时，可能会出现信号的定时偏差和频率偏移，导致信号不能进行正确的解调，此时就需要利用良好的同步技术找到信号的正确定时点，方便 FFT 窗口进行调整来进行下一步解调工作。

每一代通信系统的更新必将伴随新的技术产生，新的技术一般是在现有技术的基础之上，加以充分利用和创新才得以形成。跟随 5G 通信引入的关键技术是实现当下通信领域优化目标的基石，它们肩负着保障全新时代快速通信服务的使命，自然也成了当下研究的热点，在宏观层面上可以将其归纳为两类，即无线传输技术和网络技术。

（1）大规模 MIMO（massive Multiple-Input Multiple-Output，mMIMO）

5G 被引入无线通信领域后，大规模 MIMO 技术无疑是其关键技术中最大的亮点，此处的“大规模”是指上百根甚至上千根天线的数量规模，这个数量级远超过 4G 中的天线数目，它在 4G 的 MIMO 技术基础上增设几十甚至上百根天线，实现在相同大小的空间中可以部署更多无线设备，减轻网络负载，以多天线优势获取高增益、抗干扰、高频谱效率等。要提高 5G 网络中的用户服务质量，大规模 MIMO 技术当仁不让，其目标在于实现：第一，利用 3D 波束赋形的精确特性，各波束可以精确地聚焦于某个较小的范围，使得用户保持在最佳的信号区域，将每个信号都聚合地发送到各终端，从而大大提升了终端接收信号的强度；第二，采用多用户复用技术，允许形成多个信息通道，实现并行地将同一段频率资源用于多个终端用户，将多个不同用户的数据同一时间在系统中高效率地传输，与此同时，复用技术使所处系统的吞吐量得到数量级提升，使网络容量得以扩展，频谱得以高效地利用；第三，形成狭窄的多天线波束，既可以克服传输过程中的损耗，又能为用户提供精确的覆盖，有效避免了其他信号对特定用户造成的相互影响，减少小区间的干扰，保证系统传输的可靠性；第四，优化网络覆盖的弹性部署能力，借助大规模 MIMO 不同方位上可调节的自由度特性，为各种真实的传输空间制定最为合理的覆盖模式，分析距离不同的远、近端小区采取不同的覆盖强度，增强整个系统的覆盖能力。

总而言之，MIMO 的概念通常可以定义为在信号的收发两端使用若干根发射天线的无线通信系统。而于 2010 年提出的大规模的 MIMO 是 5G 中用于增加系统容量以及提高资源利用率的重要技术，当基站天线的数量增大到无限多时，信道之间接近正交，其瑞利衰落和白噪声对系统的影响则趋近于零。在大规模 MIMO 系统中，基站利用相同的时频资源支撑多个接入终端，能够极大限度地发挥出系统空间自由度，提高了在同一时刻收发多路信号的能力，从而进一步提高频谱资源利用率以及数据传输的能力。

（2）毫米波通信

顾名思义，波长在毫米数量级的电磁波即毫米波，作为下一代通信系统的有力候选者，它的频率范围一般波动在 30 古赫至 300 古赫之间，频谱带宽的扩张实现了超高速无线数据传播。5G 通信系统的主要目标是加快数据速率和增大容量，超低延迟（1 毫秒）、高可靠性、极大的灵活性，并加强设备间的通信，上述目标导致了 5G 无线通信对毫米波频率范围的猎取。以往的通信工作普遍都是在借助频率不大于 3 古赫的资源基础上实现系统的运转，低频率就意味着带宽的窄小，传输中可携带的信息量也相应减少，因此使用过低的频段必将导致频谱资源的枯竭，这也让 5G 时代着眼于尚未被完全开发利用的更高频段，实现了首次在移动宽带通信中使用大于 24 古赫的频段。毫米波通信独特的优势包括：带宽极大、空口配置灵活、弹性大以及空口时延低等，它可以在人流量十分密集的区域满足极大的业务需求、达到超高的传输速率，为各种大带宽、大容量的需求场景提供强有力的支持。

除此之外，毫米波若配合多址复用技术将显著增大信道的容量，可靠性高。然而，每一种技术都会有优缺点，毫米波技术的局限性主要表现为：在大气环境中衰减大、穿透性弱、移动性差，频率变高意味着波长变短，则穿透性变差且绕射能力弱，要实现毫米波信号良好，不免要增加基站数量。综合毫米波的优缺点，它在5G时代的应用还是充满了机遇。

（3）超密集组网

前面说到，5G网络的主要频段是30古赫以上的高频段，毫米波的属性意味着将要建立更多的基站，这将构造出一个非常密集、十分复杂的网络。在4G时代，全国的基站数达到上百万，而5G时代在每平方千米内的设备支持数量可能就有百万个，这样密集的网络架构需要许许多多的小基站来实现，而且基站之间的间距也要减小，以满足该场景中超高密度的流量、超高峰值频率的指标要求。终端的多样化意味着其对应的速率、功耗、频率不同，这就加剧了网络中用户间的干扰，这种适用于各种频段资源、实现多样化接入的小基站群就组成了超密集组网架构，也是5G实现千倍流量需求的主要手段之一。面临复杂且多变的无线环境，数据业务将偏向于热点地区，超密集组网在整个系统的基站侧采取了高密度的网络部署方案，网络覆盖问题也可以得到改善，同时将不同业务分流处理，实现系统拓扑结构的弹性化、频率复用的高效性。不可避免的是，如此复杂的密集异构网络可能会导致更加严重的系统干扰问题，复杂化的网络拓扑结构也会严重制约系统容量的扩展，导致整个网络架构能效的降低，对网络的保障性能造成威胁。

基于此，当前超密集组网的研究方向会集中在如何消除干扰、密集小区间如何协作、系统能力提升等。目前，随着5G网络的逐步覆盖和技术的成熟，以此作为驱动力的移动无线通信系统能够满足人们超高信息传输速率和超大信息传输量的要求。5G引领并推动着下一代移动无线通信技术的前进步伐，不仅是一项基础建设工程，也是科技创新的下一接力棒。

（4）蜂窝网络

现阶段的网络规划与优化是基于无线蜂窝网络架构进行的，了解蜂窝网络的结构与原理是实现无线网络规划优化的前提与基础。蜂窝网络是现代移动通信网络架构演进与技术升级的关键技术，频分复用技术的出现在极大程度上缓解了信号频率资源的约束，使越来越多的用户可以正常接入网络。取代传统的大区覆盖，对每个小区采用相同的频率，也使得目标区域内在保障充足的覆盖时还能增加小区的总容量，进一步提高了系统的效率。

目前，全球各国第五代移动通信系统的研究已经逐渐完善，5G 的实验与部署正在飞速推进。2017 年底，3GPP 宣布第一个 5G 国际标准的非独立组网 5G 新空口标准正式完成，为加快 5G 的商用部署，3GPP 在持续不断地推动 5G 标准化方向上树立了三个关键点，其中包括：利用现有 LTE 核心网实现第五代移动通信系统的商用应用；研究并制定基于下一代核心网的 5G 独立组网新规范；为 5G 在 Release-16 以及后续版本的演进任务奠定基础以及为扩大 5G 新生态提供支撑。随着 2018 年 5G 新一代无线接入网独立组网的项目冻结，5G 已经完成了起始阶段的标准化任务，5G 网络在网络架构与无线传输等多个方向实现了新的突破与进步。

（5）非正交多址接入

多址接入技术是移动通信系统进步的重要基础，不仅能够使若干用户共享同一个物理链路，还可以增加系统容量以及提高传输速率等多项指标。非正交多址接入（Non-Orthogonal Multiple Access，NOMA）技术是现有非正交多址接入中较为简单的一种技术，核心思想是在信号发送端由若干用户占用一个时频域资源，是基于多个信号功率域的线性叠加，在接收端通过干扰消除技术解决用户间的干扰问题，可以与第四代移动通信网络中正交频分多址技术结合使用。非正交多址技术的出现打破了正交多址接入技术中使用正交保护频带的限制，进一步提高了频带的使用效率，所以非正交多址接入技术在相同的条件下会比正交多址接入获得更稳定的用户公平性以及更大的系统容量。

（6）干扰抑制技术

蜂窝网络子载波之间互相正交，接入相同小区服务的终端，信息承载在互为正交的不同载波之上以消除干扰，但是因为蜂窝网络大量地使用复用技术，跨小区的干扰并不能完全消除，这些干扰对网络性能的影响也需要重点研究并解决。对于小区中距离天线较近的终端，受到从别的小区发射的信号的影响较小，对于该终端的信噪比影响不大，距离天线较远的终端或是临近小区交接区域的终端，其信干噪比较低，服务质量和用户体验也较差。频分复用技术是减少干扰的主要技术手段，也是移动蜂窝网络的核心思想，在现阶段频率资源日益匮乏的情况下，频分复用技术成为移动通信网络发展的重要保障。

在一个正交频分复用系统中，相邻小区均使用同一个频率，此时频分复用系数为 1，小区边缘会产生较大的干扰，为了最大限度地减轻干扰带来的性能影响，频分复用系数应当选择大于 1 的数，但也不应该选择得过大，过大的系数虽然在解决干扰上效果很好，但是其频谱效率损失也很大。因此，基于正交频分多址系统的频分复用技术，应该对小区中心的终端和小区交接区域的终端采用不同的复用方案。蜂窝小区之间的频率管控和复用的方式包括静态、半静态和动态等多种方式，目前被广泛使用的技术是静态和半静态方案。此外，与频分复用技术相伴而来的是干扰协调技术，对每个小区进行一定程度的资源限制，可实现抑制小区间干扰的目的。在移动通信网络的演进过程中，随着 RRM 功能的向下移动，对于邻区干扰协调技术的实现也下放到 eNodeB 中。

（7）自组织网络

自组织网络（Self-Organising Network）主要是由通信运营商提出的技术方案，移动蜂窝网络中大多数参数是由人工设置，这些工作的规划、优化和管理对于无线网络的高效运行是十分关键的，现阶段相关的网络部署与运维成本十分昂贵，在处理时的容错率也相对较低，面对快速演进和变化的无线拓扑与系统架构，人工操作的缺点将成为网络性能发展的障碍。自组织技术用于网络运行的各个阶段，包括网络规划、计算、测试、网络优化、预测错误等，有效简化无线网络设计，通过自配置、自优化和自治愈三大模块完成相关功能。其中，自优化是通过实时监控网络关键指标，自动地改变小区天线的相关参数设置和资源分配策略，增加有效覆盖面积、减少领区干扰以及提高终端在小区边缘的速率。无线网络自组织技术更加倾向目标区域内的整体性能。

（8）超密集异构网络

移动通信网络的接入终端数量飞速增长，业务种类急剧增多，使其泛化特征愈发明显和重要，无线接入技术也呈现多种并行的状态，因此在保证传统的通信服务质量以外，还需要为人与智能终端和智能终端之间提供充足的连接支持。在 5G 网络中，多种无线接入技术的并行工作，同时将宏站与小站相互结合，既能保证基础覆盖又能在热点区域内维护网络的正常运行，极大地拓展了网络的拓扑与结构。

在超密集异构网络中，信号收发两端的距离进一步缩短，不仅带来信号传输效率的提升与系统容量的增加，还带来不同种类的无线接入方式以及覆盖层次之间更高的灵活性。新一代移动通信网络逐渐实现商用，而网络主要的发展目标之一是满足下一阶段的移动互联网迅速扩增的业务需求，同时保障用户的实际体验，在科技高速发展的推动下，无线网络规划与优化也需要实现进一步的探索与创新。

（三）云计算技术的发展

1. 云计算概述

数据量的飞速增长和对计算资源的巨大需求是云计算产生的基础。由于云计算是计算机网络和分布式计算等相关技术的综合，因此对云计算的定义也不尽相同。根据美国国家标准及技术研究所（National Institute of Standards and Technology，NIST）的定义，云计算是一种可以通过网络接入共享资源池，可灵活获取的资源计算模型。云计算提供的服务，使得用户可以随时随地根据需要从其可定制的资源共享池中获取所需的各类资源，包括但不限于网络、计算资源、存储资源以及相应的软件服务。

通过云计算的支持，资源能够快速供应并交付给用户。与传统的资源提供方式相比，云计算具有更高的灵活性，极大地提高了资源使用效率，提升了服务的质量。从云计算的定义可以看出云计算具有灵活可拓展的优点，可使用的资源更为丰富。云计算能够面向不同类型的用户提供服务，个人和企业都可以是云计算服务的用户。由于云端的资源以网络模式提供，因此用户可以使用各种不同的终端通过网络来获取服务。

2. 云计算特征

（1）规模化

云计算由大量的设备包括计算设备、存储设备和其他相关设备提供基础的支撑。对于云计算来说，规模越大，共享资源池所能提供的资源越丰富。

（2）虚拟化

云计算平台从系统层面将底层的物理设施进行虚拟化。用户在获取服务时，由云计算平台从系统中切分出一部分物理资源，以形式上统一的逻辑资源的形式提供。因此，用户不需要了解底层的实际物理资源的情况。

（3）可扩展性

云计算的基础设施是以远端设施来实现的，云端的物理设施可以根据需要进行扩展；此外，软件和服务也可以进行不断的扩展。这样的扩展通常不影响用户的使用。

（4）高可靠性

云计算系统一般都采用了容灾备份机制来支撑系统服务的可靠性。一旦系统故障导致系统的局部出现问题时，容灾备份机制能够保障系统及时有效地恢复系统数据和服务，减少由于故障带来的损失。

（5）可定制性

由于云计算通过虚拟化来提供服务，用户可以根据所需资源和服务向服务商定制。因此云计算可以说是提供了按需定制的服务。

（6）可计量性

云计算所提供的服务，包括使用的资源数量、时长和方式等，均可以通过技术方式进行计量。而云计算系统的服务和资源也往往是以计量方式来提供，用户按照需求进行定量的购买。

从云计算的特征可以发现，云计算是多种技术的综合。云计算的核心概念就是以网络为中心，在云端提供快速且安全的存储计算服务。这种新型计算模型允许云端和用户之间围绕实际需求来定义可伸缩的按需低成本共享资源。云计算为客户提供丰富多样的在线计算服务，同时帮助客户有效地管理、处理和存储数据。依托云计算，只要连接至互联网，用户就可以随时随地地将任务交给云计算系统进行处理，且用户不需要关心任务如何执行，只需等待任务执行的最终结果。

（四）大数据技术

1．大数据的概念

大数据起初被认为是当下难以用现有技术进行分析或处理的数据集合，是伴随信息技术行业的蓬勃发展而逐渐形成的新兴概念。随着时代与技术的进步，大数据正快速发展为对存储于数据库或游离于互联网之中的海量结构化与非结构化数据信息进行采集、归纳、储存与分析，让使用者能够较为容易地发现数据中的勾稽关系，获取新知识与新理解，创造新价值的新一代技术与服务，其特点主要表现为容量巨大、类型众多、处理速度快、所能发挥的价值高。在当前企业数据与网络信息井喷式增长的背景下，如何高效地利用这些数据挖掘有用的信息并使其产出相应的价值是下一步大数据技术研究与发展的重点。

2. 大数据的特点

（1）海量化

大数据首要特点表现为信息数据的海量化。一般而言，数据是通过人际交流的互动而存在的，数据个体由终端传输信息衔接至互联网终端，同时通过互联网终端将信息经过研究整合后由信息传输模式反馈结论。由于互联网和智能终端的大范围普及使用，人机交流已经非常频繁，每个个体均属于数据制造者。人们可以借助智能设备中的软件 App 来记录自己的生活。

（2）多样性

大数据除了展示出数据量非常庞大，同时还展现出数据种类的多样性。基于大数据技术，数据整体上可以划分为结构化数据与非结构化数据。前者是指以固定结构来进行表达的数据，如驾驶证号、电话号和身份证号等可以以固定方式展现的信息。

非结构化数据表示不存在固定结构的数据，如相片、录音、视频、定位、消费记录等，而它往往是通过社会群体的社交应用出现的，非结构化数据在现阶段整体数据量中占的比重最大，同时增速最快。

（3）价值性

目前，社会群体在互联网数据处理上不只局限于数据的管理与保存，更加注重的是对数据加以整理、分析的能力，借助此种能力以便于深入发掘数据与数据之间存在的潜在联系和内部规律。

社会群体通过应用研究得到的数据资源不仅可以解决当前所存在的问题，还可以判断未来的发展方向，这是数据化从浅层次向深层次的探究及应用转变的重要过程。例如，商家若是能够通过大数据技术采集客户上网检索和消费的具体信息，仅凭该信息就能够判断顾客的消费意愿、消费习惯以及消费水平等，并借此对消费者提供合理的建议，通过其反馈的信息进行校验，并以此实现对特定消费者的广告投放，以此达到营利的目的。

（4）高速性

大数据高速性体现在其数据的传递和处理两个方面。传统信息处理模式受网络化水平较低、传递速度较慢、信息总量不多等多种因素的影响，使得数据处理的技术相对落后。

随着网络信息技术的快速发展，网络传递效率获得大幅提高，数据总量呈现井喷式的爆发式增加，超级计算机的发明与应用也能够保证在极低的时耗内分析出最大效率的数据研究结果。

（5）真实性

大数据的真实性主要体现在对于用户的后台数据的抓取的真实性，真实的数据有利于对后续的操作提供真实的样本与借鉴，大数据技术使得数据无从造假，但社会群体或是组织在决策时能够获得真实的数据的同时，也造成了个人隐私泄露等社会风险。

二、网络融合的发展前瞻

（一）网络融合催生新的网络形态

广电网、电信网和互联网的融合可以催生出新型的网络形态，如我国所提出的 NGB 就是一种由网络融合催生的网络应用形态。NGB 是指下一代广播电视网（Next Generation Broadcasting Network），是有线无线相结合、支持“三网融合”业务的、全程全网的广播电视网。

在宽带方面，NGB 能够将广播电视核心网和城域网的带宽提高到每秒百万兆比特以上，接入网的带宽能够支持 40 兆比特。在服务方面，NGB 将原来的单向广播服务方式改变为双向互动与广播相结合的服务方式，将原来的区域性服务扩展成跨区域的服务。在业务方面，NGB 能够提供高带宽、复杂交互的互动电视类、社区服务类、电子商务类、在线娱乐类、个人通信类、医疗教育类、金融证券类等内容或服务，还可提供视频、数据和语音等多种业务结合的混合业务。在管理方面，NGB 将原来的区域化、分极化管理变成全局化、统一化管理。

（二）网络融合催生新的市场格局

“三网融合”既能实现在单一平台或设备上获取多种服务，也能利用多个平台和设备来获得所需要的某一种服务。这种变化将形成一个崭新的市场格局，为产业发展带来新的经济增长点。以广电为代表的传媒产业通过“三网融合”，充分发挥对内容占有的优势，降低了构建传播网络的成本，借助其他网络扩大了自身的传播范围；电信、互联网产业通过融合获得了信息内容的资源，也提升了自身的品牌形象。同时手机电视、互联网电视等新兴业务也得以实现，它们的产生和发展又使得相关行业，如生产电子元器件的公司和光纤光缆公司同时受益。而设备生产商方面，人们更青睐于那些具有复合功能的电子消费类产品，由此，多功能手机的生产商和生产互联网电视的厂家将有更多机会。此外，在运营商方面，广电有线网络的上市公司、电信运营商和一些传媒公司也将获益于网络融合的发展。

（三）网络融合催生新的监管措施

网络融合不仅有物理技术的对接问题，更重要的是如何面对广电“一对多”和电信“一对一”的传播规则的问题。如果将“一对多”融合到“一对一”，则表明放开必要的宣传控制权，这必然是不可能的；反之则会造成传播资源的大量浪费，且无法满足受众对信息获取便捷性的要求。因此，网络融合需要有新的监管政策来加以保证。

目前主要有两种监管方案：一是设立国家通信网络监管委员会和国家网络内容监管委员会，分别对网络运营和网络内容进行监管；二是设立国家通信监管委员会对网络运营和网络内容进行统一监管。这两种方案都要争取为三网融合发展和融合监管提供法律制度的依据和框架，从而为“三网融合”的体制改革提供法律层面的支持和保障。应该积极推动“电信法”的出台，并在“电信法”中对融合监管、网络融合问题以法律形式予以明确，出台有利于“三网融合”进程的新法规和新政策。

三、内容融合的发展前瞻

传统媒体进行内容生产时信息产品只通过特定的单一渠道进行传播，信息内容产品不会以独立的形态出现在流通领域，因此版权的问题能够通过对传播渠道的控制得到保证。但是随着信息内容生产的规模化，内容产业与传播渠道发生了分离，内容产业的信息内容产品再也无法得到传播渠道的保障，如果不解决内容产品版权保护的问题，作为传媒产业链上游的内容产业的利益将无法得到保护，从事内容生产的内容产业将没有生存的可能。因此，对于内容产业而言，版权管理的问题不只是简单的知识产权问题，更是关系到相关企业能否在竞争中生存下去的问题。在数字技术平台上，内容生产企业对于内容产品的版权保护主要是通过数字版权管理来实现的，而且随着内容产业的发展壮大，还要涉及数字版权管理的标准化问题。

（一）数字版权的法律保护

1. 完善数字版权法律界定

①坚持合理使用制度。合理使用在协调数字版权人与公众利益间发挥了巨大作用，是数字版权保护相关法律中最紧要的部分，但随着数字版权市场的发展，面对许多新情况，数字版权很难从法律上找到合理使用依据，阻碍了数字版权作品的创作与开发，影响了数字版权从业者及公众的利益，不利于数字版权市场的发展，因此需要对合理使用制度进行补充。

在合理使用制度的立法理念上，要明确在偏向保护数字版权人私人利益时，也要兼顾好社会大众的公众利益。基于合理使用制度使用具有数字版权的作品，可以不经过数字版权人的许可，也不需要向数字版权人支付报酬。在缺少对合理使用进行标准认定的规定情形下，可考虑制定用以限制数字版权的合理使用权利的标准，如“三步测试法”，就是对新媒体环境中的权利限制，建立的衡量其是否适当的总标准。此外，还需要增加对戏仿作品的合理使用规定。戏仿作品是通过讽刺、批评、评论等方式对他人已经发表的作品采取滑稽式模仿的作品，这类作品在数字版权侵权案例中引起了公众对合理使用判定标准的探讨。对戏仿作品进行合理使用规定，衡量其是否符合“三步测试法”标准，符合的即为合理使用，平衡公众合法使用作品与数字版权人享有权利的矛盾。数字版权保护技术保护了数字版权人的权利，但新技术使公众难以接触作品，限制了公众的合理使用。在合理使用与数字版权保护技术的矛盾中，可用“三步测试法”衡量判定其是否违法。

另外，为了解决现行立法中未包含的合理使用制度的问题，还需要立足于现实情况及时出台对合理使用的司法解释和指导意见。一方面，可以对在新媒体环境中和现有法律所规定的与关于版权使用的合理使用制度相类似的调整行为根据现有法律予以规制，对现行法律不能调整的新的版权使用问题用指导意见或司法解释的方式予以调整；另一方面，对那些现有合理使用制度未作出规定的版权行使行为，可以通过吸收英美国家在判例法方面的经验，再加以最高人民法院推行的案例指导予以确立。

②完善避风港规则。避风港规则可平衡数字版权人、数字出版商、数字用户之间的利益。根据此条规则，如果只提供空间服务的ISP（网络服务提供商）被告知侵权，只需要做到删除义务就能被免于赔偿责任，这就是所谓的“通知—删除”规则。此外，还有红旗规则对避风港规则进行限制：网络服务提供者为服务对象提供搜索或者链接服务有规定明知或者应知所链接的作品、表演、录音录像制品侵权的，应当承担共同侵权责任。但在实际应用中，“通知—删除”的侵权免责低门槛成为侵权者的挡箭牌，使数字版权侵权者放肆侵权无所顾忌。

首先，要通过立法对避风港规则的相关规定进行完善。对具体实践涉及的相同内容制定统一的法律文件规定，作出权威而明确的解释，避免避风港规则在法律法规中出现相悖或很难衔接的情况。同时还需进一步明确规则适用条件、违反后果等，避免在实践中不确定是否适用；其次，要限制避风港规则的滥用。对数字出版商特别是数字平台提供商利用避风港规则规避侵权责任的行为，需要对网络服务商能够得到免责的范围进行严格限定，特别是要为红旗原则制造适用条件和适用程序，消除对网络服务提供商主观过错进行认定的不确定性；最后，还需明确对“明知”“应知”概念的界定，更加细化法律。如由平台推荐的作品如果涉及侵权，应该推认平台为“应知”，规定对“明知”或“应知”的侵权行为应采取必要措施，如采取后仍无法避免侵权才可对其进行免责。通过这样细化的规定才能更好地监管数字出版商，促进数字版权市场有序运行。

2．完善数字版权侵权立法

历史上每一次技术革新都会引起法律制度的变化，只有先进的法律制度才能促进社会经济的持续繁荣。我国目前面对数字版权这一信息产业还没有关于数字版权的专门法律立法，也没有建立数字版权的法律体系，但要实现数字版权产业的快速发展，就必须建立一套完整法律规制保证数字版权管理的有效运行。我国政府已认识到文化产业和知识产权法律立法的重要性，著作权法在不断进行修订的过程中，面对计算机软件、网络游戏和网络视听节目等新客体不断出台条例和实施办法等，几乎实现了对新兴技术领域的法律覆盖，这其中国务院、版权局与文化和旅游部等行政部门的力量较强。面对日益增加的数字版权侵权纠纷，这一类的案件主要是依据《信息网络传播权保护条例》以及国务院各部门和最高人民法院的各种法律规范性文件和司法解释来进行数字版权领域的执法和司法活动，但仍旧是以传统版权法的模式来实施和监管，并不能完全适应数字版权新环境。在这种情况下应该加强立法的指导性作用，发挥立法对数字版权产业的规范管理作用。

①解决侵权认定的立法疑难问题。现行立法对数字版权侵权认定从侵权方式到责任追究、罪责认定，都无法在具体应用中完全解决实际问题。数字版权侵权行为存在争议，应当细化侵权行为标准。应该根据具体案例，明确并细化侵权行为认定标准，并将侵权信息及案例及时汇总并传播给数字版权各主体，让其在维权、提供数字版权服务、使用数字版权内容时知道哪些行为属于侵权行为，避免无意侵权。另外，还要针对不同侵权行为的严重程度制定相应的惩罚标准，打击侵权行为。为解决数字版权侵权问题，首先要明确侵权主体。

隔着屏幕，任何人只需要利用鼠标操纵软件、填写信息就可以轻易说谎伪造身份，而接收信息方如果不进行调查研究也很难辨别真假，这些都对侵权主体的认定造成了阻碍。从立法上规定使用数字版权作品前需进行主体身份认定，即让申请使用数字作品的用户提前如实填写其身份信息并验证，规定填写虚假信息的法律责任，保证对侵权主体的有效追究。数字出版商承担的相关法定责任认定少，需要进一步规定数字出版商的法定责任，增强版权保护的力量。宽松的环境放纵了侵权行为，应当适当增加数字出版商责任，打击版权盗版。共同侵权责任认定不具体，不同形式、程度帮助及参与侵权应承担的责任及处罚规定不够详细具体，不利于共同侵权责任判定，使司法判决无统一标准，凭法官主观意愿呈现出不同判定结果。细化共同侵权责任有助于解决这一问题。数字版权的权利认定不清，侵权举证认定难，制约了罪责认定。为加强侵权罪责认定，立法中应细化数字版权权利归属；将传播权纳入数字版权侵权范围；完善过错认定办法，由网络侵权人或侵权责任人承担举证责任。

②加强对数字版权人的侵权刑法保护法律的强制性，使任何违反法律的行为主体都需承担相应的法律后果，其中刑法在所有法中对侵权人震慑力最强，因其

可以剥夺犯罪分子的人身及财产自由、政治权利甚至生命。为增强威慑力，有效遏制数字版权侵权行为，加强数字版权刑法保护必不可少。目前，我国刑法对与版权相关的罪名设定只有两条，这两种罪名不适用于数字版权领域发生的所有侵权问题。《中华人民共和国著作权法》（以下简称《著作权法》）中规定的侵权行为只有 4 种被纳进刑法，而对利用数字技术传播他人作品、侵犯数字版权人姓名权、人格权，利用数字保护技术进行侵权等行为在刑法上无对应罪行设置，无法有效打击侵权行为并予以犯罪惩处。因此在刑法中有必要根据实际需要增设数字版权侵权相关罪名和侵权行为类型，如增设数字版权人的人身权，将数字保护技术侵权、信息网络传播权等纳入刑法保护范围，通过预测未来数字版权侵权犯罪行为，提前立法预防，防止数字版权侵权犯罪行为发生。

刑法中对版权侵害的认定标准使众多负面影响深远的数字版权侵权犯罪行为没有得到应有的刑事制裁，因此应根据违法行为、性质、主观动机和危害性等对处罚标准进行量化，完善定罪处罚标准。首先在衡量侵权造成的危害程度时，采用侵权作品的数量替代访问量。因为以侵权作品的访问量衡量危害程度时存在两个缺陷：一是侵权作品的访问量与违法复制作品的数量不相等，在某种程度上看，它只代表作品读者的数量。二是访问量受网络传播的复杂程度和数字技术方面的限制很难进行精确计算，且现下也缺少具体化的刑事鉴定方法以供执行。对危害程度用侵权作品的数量进行量化就可有效防止量化不精确的问题，但对作品数量单位如件、部、个等怎样细分，需要司法解释予以补充；二是需补充数字权利所有人的经济损失标准。在数字版权侵权中，数字版权人创作作品所付出的时间与金钱成本、因数字版权侵权造成的数字版权所有人减少的利益损失等都应纳入侵权犯罪认定标准中。

③完善对数字版权人的侵权救济制度。数字版权的侵权救济制度是指对受到侵害的数字版权所有人给予救济措施的法律制度，我国侵权救济主要包括民事、行政、刑事救济几部分。针对侵权认定不清、授权混乱、版权立法无法适应侵权现状变化等数字版权问题，我国侵权救济制度打击了数字版权侵权行为，完善了数字版权保护制度，促进了数字版权市场的合理运行。但侵权救济制度存在许多不足需要改进完善。民事救济规定了数字版权侵权的民事法定责任及赔偿问题，对避免数字版权人的权利侵害和对数字版权所有人进行侵权救济发挥了极为重要

的作用，但目前成体系化的民事救济制度仍处于缺乏状态，只在《著作权法》及《中华人民共和国刑法》（以下简称《刑法》）中少量提及。

行政救济彰显了数字版权相关的行政管理部门对版权的保护，但仍存在以下几个问题：立法技术不足；行政救济的层级及效力低；适用的范围存在不合理的地方；保护的力度不强；部分具体的制度内容，如通知和反通知的制度，还需要再商榷。刑事救济在侵犯版权的犯罪行为和刑罚责任方面作出了规定，《著作权法》和《刑法》对侵权刑事救济的客体范围划归有出入，对侵权的刑事责任判定标准未统一。因此完善数字版权侵权救济制度，要建立体系化的民事救济保护制度；在立法上对行政救济进行改进，包括增大保护力度，修改制度中相矛盾的部分等；将刑事救济的客体范围以《著作权法》为准进行统一，同一刑事责任的判定标准，区别以营利为目的和主观故意的不同侵权类型量刑。此外，学习和参考美国、日本、韩国等国家实施的卓有成效的侵权救济制度也有利于我国侵权救济制度的完善。

3. 完善网络版权纠纷解决机制

①加强数字版权司法保护作用。互联网的发展极大地丰富了作品的形式，不论是传统的文字、音乐、绘画还是新的网络视频、网络游戏，网络线上作品的形式和数量都在短短几年中呈爆发式增长，在这个过程中，网络版权纠纷事件也大量出现，版权人只能通过诉讼的方式维护自己的合法权益。司法是数字版权关系中各主体合法权益的最后保障，虽然数字版权纠纷的特点决定了司法解决的单一维权方法仍有很多不足，如成本高、耗时长、取证难等，但是我国目前版权维权的唯一途径仍是诉讼，法院裁判的指导作用和社会影响力都最具权威性，能够成为引导社会行为的风向标。根据最高人民法院发布的司法解释和指导案例对数字版权纠纷的案例进行分析认定，确定侵权赔偿标准，为下级法院和社会各主体提供了版权行为准则。应当加强数字版权的司法保护作用，不仅在诉讼司法程序中，在目前在线纠纷解决机制的新型救济途径中，法院也应当提供便利和支持。法院和行政机关也应当发挥在在线纠纷解决机制中的作用，保证网络纠纷在线解决机制的效率和公正，首先应当在官方渠道进行宣传，增加在线纠纷解决机制救济途径的权威性，也能像简易程序那样，案件事实简单的网络纠纷在得到当事人认可后，可直接从法院转入在线纠纷解决平台处理，法院、行政机关和在线纠纷解决

平台相互合作，协调司法、执法资源，发挥互联网技术对数字版权产业的高效保护和管理作用。

我国目前对知识产权案件的审判制度有知识产权民事、刑事、行政案件统一集中到知识产权审判庭进行审理的审判机制，但是这种审判机制只存在于北京等经济较发达以及知识产权案件数量较多的城市，基层法院仍然采取分别审理的审判方式，因此我国的网络版权司法保护机制仍然没有完全建立。因此要加强对网络版权的保护可以通过完善知识产权民事、刑事、行政合一的审判制度，对网络版权纠纷案件进行专业化审判，实行知识产权民事、刑事、行政合一的审判制度的知识产权专门法院有利于提高法院审判人员的专业水平，在各种版权纠纷中积累实践经验，也就能更好地进行各种网络版权新型纠纷案件的认定，提高整体的办案质量，统一执法标准，节约司法审判资源，完善网络版权司法审判机制。另外，对于网络侵权案件的管辖地应当重新进行明确，由于互联网中经常难以确定侵权人的真实身份及住所地，并且由于网络版权侵权的特点导致侵权的行为地难以确定以及一些跨国网络版权侵权案件越来越普遍，因此相对于传统案件，网络版权纠纷案件可以适当放开对于侵权管辖地的规定，为了降低原告权利人的维权成本，可以考虑将原告住所地确定为网络版权纠纷案件的诉讼管辖地。

②建立多种在线纠纷解决机制。由于互联网作品的开放性特点，网络版权纠纷维权并不容易，一方面网络侵权的成本很低，版权作品一旦被非法破解就能轻易被修改和复制，侵权人只要掌握破解技术就能盗取版权作品的内容，并且我国公民普遍版权付费意识不强，没有付费交易的习惯，因此网络版权侵权行为频繁发生。

随着侵权案件的大量增加，维权人又面临维权成本高的问题，当维权人的版权价值不高、争议标的较小时，诉讼成本包括律师费用、取证费用等却都不低，加上这些版权纠纷案件的取证比较难，诉讼程序进行得较慢，维权人的时间成本也较高，需要维权人投入大量的时间、精力和金钱，在这种情况下，很多被侵权人放弃了诉讼维权，而侵权人没有得到相应的处罚则更加肆无忌惮，侵权行为更加普遍。最后，互联网拥有全球性的特点，由于网络侵权可以发生在任何地点，那么根据知识产权侵权法中有关被告所在地和侵权所在地的法院管辖权规则，维权人也很难取证或去当地进行诉讼活动。因此对于网络版权纠纷，只提供诉讼这种单一的途径是远远不够的，在线纠纷解决机制（ODR）提供了一个解决争议的较好途径。在线纠纷解决机制作为一种利用互联网信息技术在线解决纠纷的机制，包括在线协商、调解和仲裁。这种争议解决方式成本较低、效率较高，并且争议解决的证明、裁判过程都能在网络上公开显示，裁判和程序都符合公开公正原则，这种争议解决模式更适应互联网的用户习惯，更灵活、简易，成本比较低，能为维权人所接受，并且不需要利用更多的司法资源，在线纠纷解决机制在数字版权管理系统中还能自动执行，如侵权作品的下架、侵权人账号的封禁等，对判决异议也能再通过法律诉讼程序进行维权。

4.建立数字版权保护法律制度

①保护数字版权人的授权制度。《信息网络传播权保护条例》中规定：在行政及法律法规的规定之外，任何个人或组织依靠信息网络向公众提供他人的表演、录音录像制品、作品的，都需要取得权利人许可，并支付报酬。这条规定明确了使用者使用数字作品需要取得权利人的合理授权。授权在数字版权市场中的地位由此可以窥见，通过授权才可合法使用数字作品，保证数字权利人的利益，促进数字版权的交易。但当前数字版权授权混乱，面临着授权模式僵化、授权不规范、授权通道狭窄等问题，建立行之有效的授权制度有利于规范数字版权授权行为，解决数字版权市场运行中出现的问题。

建立授权制度首先要对授权范围进行明确。一是对作者针对其作品的数字化有无授权出版社利用，以及约定转授权他人对其作品开展的数字化利用。授权约定不明确，可能导致授权纠纷，甚至在法律上判定授权无效。转授权指使用人可向第三人就著作财产权发放的许可。对转授权进行约定，可以保障数字版权人的利益；二是约定作品数字化利用后其产生的收益怎么收取和分配。当前将作品数字化转化为收益已经做出了很多探索，数字作品收益也是相当可观的，对收益及分配进行明确，避免在数字版权交易各环节中，数字版权人与数字出版商、数字出版商之间出现分配矛盾。当然，还需完善授权模式。在原有的7类授权模式基础上，根据数字版权市场的实际情况进行完善，探索发展新的授权模式，如“授权要约模式”，数字作品创作者根据自己的需要在数字作品中添加授权声明，明确作品的授权范围、费用及方式等，通过这些模式探索降低授权成本、扩大授权范围，使数字版权人授权利益最大化。

②针对数字出版商的监管制度。将数字版权参与各方都纳入监管范围内，对数字版权生产、经营、使用全流程进行监管，有助于保护数字版权，防止侵权行为发生及危害扩大。建立数字版权监管制度，首先，完善针对数字版权保护相关的法律法规，以便实施监管时有相应法律参照；其次，建立健全数字作品登记制度，加强对数字用户的注册监管，完善数字版权登记制度，减少数字作品创作者因署名带来的权利认定困难；最后，改革行政审批制度，在监管模式上由被动监管化为主动监管，设立数字作品侵权投诉通道，推行审批标准化，在互联网上建立行政审批中心，要求监管审批方在用户填写投诉信息后须及时处理并公示结果，真正实行全民监管，侵权必究，究必追责，震慑数字版权侵权者，消除其侵权免责的侥幸心理。

③追究数字出版商的问责制度。建立问责制度可有效解决问责困境、打击侵权行为，促进数字版权保护。首先，将数字版权保护宣传纳入问责机制内，为数字版权各主体树立版权保护意识，在版权生产、经营、使用各环节中都有意识地规避侵权，从源头保护版权；其次，将发展数字版权保护技术作为建设和完善问责制度的重要部分，让问责制度可落地实施；最后，需要建立起间接第三人责任制度。因为在网络环境中，侵权人数量庞大，而且侵权人不集中，无论是确认侵权人，还是提起单个诉讼都费时费力。因此可以建立第三人责任追究制度，规定网络服务提供商需承担一定的义务。

根据我国《信息网络传播权保护条例》规定：只有在权利人通知其有侵权行为且不履行删除义务时，网络服务商才存在责任。但在实际情况中，大量网络服务商明知存在侵权事实，但权利所有人未及时发现并告知侵权行为，侵权行为就继续发生。因此通过理性第三人判断是否有侵权行为，有则需承担侵权责任，可以有效进行侵权问责。

④补偿数字版权人的法律补偿金制度。数字技术的发展使复制成本大幅降低，复制作品更为便捷，侵犯版权更为容易，数字版权人与用户之间的矛盾急剧加深，虽然采用了数字技术来解决冲突，但效果并不理想。因此为平衡双方利益，引入版权补偿金制度显得很有必要。

版权补偿金制度于 1965 年在德国《著作权法》中首次提出。此后欧洲各国及日本、加拿大等国陆续建立了版权补偿金制度，其理念是对于在合理使用范围之外的复制行为，个人需要通过支付补偿金对版权人进行适度补偿。现行版权补偿金制度的国家对补偿金的收取和分配通常由权利所属的集体管理团体统一收缴后，再按此前经过磋商的百分比分别支付给作者。因考虑到复制作品的生产商可能将补偿金在售卖过程中加到作品使用者身上，缴纳版权补偿的义务人为生产商和销售商。版权赔偿金的权利人除创作数字作品的数字版权所有人，还包括财产受到侵害的相关数字版权权利所有人。

我国版权补偿金制度的建立可参照国外制度，针对数字作品传播还可实行与补偿金制度类似的费用收取制度。在对侵权者进行行政和刑事处罚的基础上，应建立起侵权惩罚性赔偿机制，从而完善侵权损失的计算标准，并要求侵权者进行赔偿，对权利人为制止侵权行为产生的支出也需全额赔偿。此外，对于数字版权侵权赔偿问题，应对侵权赔偿标准予以提高，加大侵权惩处力度。新修订的《著作权法》将侵权人对权利人的法定赔偿上限由五十万元上调至一百万元。但一百万元的赔偿金额在当前经济水平下并不算高，可对侵权行为赔偿不规定上限数额，由侵权类型、危害性等因素分类别设置赔偿额度。同时对赔偿标准应设置下限，避免赔偿金额过低无法有效震慑侵权者，对侵权行为进行遏制。

（二）数字版权标准化管理

针对 DRM（数字版权管理）技术存在的两大问题，其中保护能力的问题随着技术的不断更新和提高已经基本得到了解决。当前来看，数字版权管理的最大问题是标准不统一，这反过来也会影响对数字内容版权的保护，进而影响内容融合的进一步发展。这一问题的解决主要依靠数字版权管理标准的建立。

第一，建立全球范围内的 DRM 统一标准体系。在 DRM 标准体系中，由开放移动联盟制定的规范最具代表性。但标准的发展永远滞后于技术的发展，而数字技术的发展速度较快，因此想有一个放之四海而皆准的方法只能是一种理想。

第二，由内容生产商根据自己的偏好来选择标准，可以允许不同的标准进行充分的竞争。这种方法在促进市场竞争、推进融合发展的同时也会带来资源的浪费，在这样的标准环境下，承载融合业务的网络设备、终端设备必须支持多种标准，这无疑加重了产业负担。

第三，建立包括监督、认证、计费等在内的信用机制。在传播网络方面建立一套包括监督、认证、计费等在内的信用机制，使整个网络成为可以信赖的安全社区，从而实现对版权的管理。这是一种从行业运作的高度来引导市场，把DRM放在整个网络建设和网络业务安全的层面上来思考的方法。虽然这种方法在技术上没有问题，但要求包括内容提供商、网络运营商、终端设备生产商在内的各种利益主体要有大局观，从长远发展考虑，而不能只顾眼前利益的争夺。随着数字版权管理标准化的深入发展，我国相关标准的建立也在稳步地进行之中。

目前来说，我国已完成数字版权管理标准体系的初步建设，颁布并实施了面向消费电子设备版权保护应用的数字接口内容保护系统规范的两项行业标准，《信息技术数字版权管理术语》，组织行业企业和科研院所建立了一大批具有自主知识产权的专利技术、产品和产业示范点。

四、终端融合的发展前瞻

（一）进一步满足受众的需求

随着内容融合导致内容产业的出现，信息内容的生产实现了规模化。受众面对海量的信息内容，对于信息内容的需求逐步由单一到多样，由单向接收到双向互动，由定点、定时获取到任意时间、任意地点、任意形式的使用转变。随着终端融合的不断发展，新型的多功能一体化终端设备不断出现，新兴的基于特定终端设备的特定服务不断开发，使得广大受众进行信息交流的效率大大提高。

（二）促进产业链成员的业务扩展

随着媒介融合的不断发展，传媒产业链发生了巨大变化，由原来各种媒介单独进行信息内容的生产、传播、接收向统一的内容产业、网络产业、终端产业转变。在转变过程中，整个产业链中上下游产业成员相互之间也在不断进行业务的融合。上游的内容产业不仅满足于进行信息内容的生产，也开始向终端设备生产发展，使其生产的信息内容能够在特定的终端中得以广泛传播。例如，由北京人民广播电台、北京广播公司共同推出的1039新媒体机，就是上游内容生产产业向下游终端设备生产产业渗透的结果。

第六章 现代媒介融合对传媒产业的影响

随着数字技术的发展，各种媒介形式开始融合，计算机、信息以及传媒产业的界限逐渐模糊。现代媒介的融合对我国传媒产业也产生了各个方面的影响。不仅促进了传统媒体的转型，也促进了传统媒体的升级。本章分为现代媒介融合促进传媒产业的转型、现代媒介融合促进传媒产业的升级两部分。

第一节 现代媒介融合促进传媒产业的转型

一、现代媒介融合促进传统媒体的转型

一般意义上的传统媒体，是指通过大众传播媒介（报纸、广播、电视）进行传播的媒体形式，在此基础上，也有人把互联网发展初期的网络媒体归结到传统媒体范畴。在1996年以前，中国的传媒产业处于大众传播时代，媒介种类单一（报纸、广播、电视等），且传媒产业资本均由国有资产百分百持有。直到1994年中国接入了第一条网线，中国才正式进入互联网时代。

（一）传媒产业运营方式的转变

1. 传媒市场的结构发生了变化

传统媒体时代，传播模式是单向的、一对多的。信息的发布者，也就是媒体在信息生产的过程中处于绝对主导的地位。然而随着传播技术日新月异地发展，受众获取信息的渠道越来越多元，信息的内容也越来越丰富，媒介可提供的信息资源由过去的稀缺发展到现在的盈余，信息的数量由曾经的有限过渡到目前的过剩。在这一过程中，受众由原来单一的接收者，转变成了拥有“传”“收”多重身份，对信息的选择也有了更高的自由度。信息市场的主动权正在大幅度地从媒体向受众倾斜。

在媒介融合时代，“受众”一词似乎已经不能准确表述信息接收者的身份，在描述传媒产品的消费者时，“用户”看上去更加准确和合适。整个传媒市场的格局正在按照用户需求的分化而被重新分割，媒介市场资本运营的原动力已经不再是媒介本身的信息发布能力而是用户多元化的需求。

2. 媒介产品的用户由“大众”向“分众”过渡

在传统媒体大众传播的时代，“受众”是一个整体，是一个模糊的概念。一对多的传播方式决定了受众的“大规模”，单向的传播渠道决定了受众的“匿名性”特征。媒介融合时代，受众逐渐“显在化”，媒介资源的丰富性和信息的多元化，为受众提供了更为广阔的选择空间，但也将他们带进了“难以抉择”的境地。消费能力参差不齐、信息偏好大相径庭，这使得用户的信息选择标准和消费预期呈现出了巨大差异，这对信息的生产者和媒介服务商提出了更高的要求：要想在如此多元的市场需求中求得生存并且盈利，将市场进行“分众化”的分割势在必行。

目前，比较通行的分类方法是将媒介用户分为个人、家庭、企业、政府及其他非营利性的社会组织。与之相对应的传媒市场则分为个人市场、家庭市场、企业市场和政府及其他非营利性组织市场。不同类型的用户对媒介产品使用的目的以及对媒介产品的功能的消费期待差异非常显著。例如，影音娱乐类媒体产品的用户主要是个人和家庭，交互性视频技术的用户则更多地集中在乐于采用视像会议的企事业单位。

由此可见，媒体的核心竞争力也在逐渐发生变化，不同媒介的竞争优势不仅在于信息内容的生产与设计，发布渠道和终端的科学规划和合理整合在市场竞争过程中似乎更为重要。我们可以想象，在媒介融合时代，未来媒介市场的竞争将打破媒介形态的阻隔，呈现出“大媒介”竞争的态势。

3. 媒介产品的构成发生较大转变

在传统媒体时代，不同媒介形态与其信息内容的形式是一一对应的，媒介信息具有其专属的特质。例如，报纸的可看性、广播的可听性、电视的声画结合的特质等。受众在选择媒介产品的同时就限定了媒介信息的内容和形态。媒介融合使得不同媒介形式的信息格式得到了数据上的统一，将信息内容、传输渠道、接收终端重新组合，使得媒介内容在不同平台可以共享和通用，也就是说，用户可以通过不同的传输渠道，借助不同的接收终端，接收同一媒介信息内容。例如，球迷收看欧洲杯，可以通过电视机看直播；如果时间或地点限制，可以通过网络看直播或者网络视频；还可以通过手机电视进行观看。媒介融合消解了媒介内容与媒介形态之间的对应关系，媒介产品的类型也更加丰富。经过媒介融合，重新整合之后的传媒市场中传媒产品分化为信息产品和应用服务两大类。信息产品是传统媒体时代原有传媒产品的延伸和发展，主要是以某个主体为中心的各类文本、图像、声音等信息或者综合内容的产品。而应用服务类的产品，则是以信息技术为基础开发出来的各种信息服务，如网络、咨询、传输等。这些应用性的信息服务充分发挥了传媒体系软硬件的市场价值，并且使产品价值得到了提升。由此可见，媒介融合时代的传媒产业市场竞争已经远远不是信息产品生产能力的竞争，更取决于其产品的质量和服务的水平。

4. 传媒市场竞争的规则亦发生了变化

很多人认为传媒产业将是中国最后一个暴利产业。高投入、高风险、高回报是这一行业资本运营的显著特征。传统媒体时代，传媒产业的运营需要巨大的资本投入，而且资金呈现出明显的专用性，沉淀成本巨大。同时，由于我国相关政策规制的原因和行业准入的门槛较高，传媒产业呈现出显著的自然垄断的特征。信息技术的高度发展降低了传媒生产的技术门槛，媒介融合减少了媒介生产的成本，也使传媒业准入的资金门槛大大降低，传媒资产和信息产品的专用属性逐渐削弱。媒介产品多元化的选择空间使得媒介与受众之间的黏合度持续降低，传媒市场上虎视眈眈的潜在竞争者潜入的可能性进一步加大，价格垄断策略的实施变得举步维艰。在这样的背景之下，原本处于垄断地位的传媒集团只好以控制产品或服务的价格来稳固其市场地位，用以遏制和阻止试图在传媒市场分得一杯羹的新进竞争者。这意味着媒介融合时代的到来结束了传媒业通过垄断获得暴利的神话，这场鹬蚌之争，最终使得受众成了受益的渔翁。

（二）内容形式的转变

2020 年，互联网头部企业纷纷入局本地生活赛道，数字生活新服务将带来网络行业发展红利。这为主流媒体的角色定位敲响了警钟，促进其思考如何在做好新闻内容“压舱石”的基础上，向专业内容的生产与服务拓展。就现阶段而言，至少可以从五个方面来延展内容服务：第一，对于缺乏专业传播知识的大众，主流媒体可以为其提供专属打造的内容模板服务；第二，在内容服务的基础上为用户提供更为广泛的生活服务、知识服务；第三，智能化时代主流媒体需要利用大数据及算法技术，推动各个行业领域之间的资源共享，最终实现社会的资源协同；第四，主流媒体还可以尝试用新的传播手段和样式，去开拓崭新的主流媒体传播领域，通过构建专属的游戏规则，增强大众在传播实践中的表达自由度；第五，拓展政务服务，主要包括智慧政务服务功能和实现数据智库化等。

1．“媒体＋技术”的深度融合

要以先进技术引领驱动融合发展，推动关键核心技术自主创新。这就要求主流媒体在建设智能化传播生态系统的基础上，重构与用户消费者之间的有效链接，进而升级已有的营利模式和商业模式。从现实的角度出发，主要可以从“智媒体”建设和“智慧城市”运营两方面着手。新兴互联网内容分发平台较早开始了智媒体功能的开发，其依靠大数据和人工智能等技术，让新闻信息的智能化分发水平处在行业前列。主流媒体的智能化实践中，封面新闻已初具智媒体雏形，得到了业内的高度认可，其转型成功主要得益于三个方面的布局：一是摒弃了传统的小融合，从人员组织、采编、绩效等方面进行了彻底的融合；二是组建了专门的内容生产技术公司，在内容生产部门外单独开辟出技术部门，并以高薪酬聘请技术行业的人才，实施内容和技术的双驱动战略；三是探索主流媒体生态化的运作模式，积极推进传媒体制的创新，通过各种渠道资源的整合实现媒体边界的产业破圈。

在新兴技术的驱动下，主流媒体在参与智慧城市建设方面也进行了积极探索。杭州城市大脑从交通健康等多个系统出发，建设了智慧城市的典范，每日数据的处理量可以达到 8000 万条以上。同时以华为、腾讯等为代表的互联网头部企业也在积极地进行智慧城市的布局，如华为公司中标承建了东莞数字政府。从智慧城市的未来发展趋势看，其建设和发展隐藏着无限的商机，对于急切需要突破经营困境的主流媒体而言，不失为一个有效的变现路径。

2．“媒体＋产业”的深度融合

以内容链接力为核心，借助媒体自身品牌影响力和资源整合能力，深入其他产业如新零售、新国潮品牌、新文创等进行多元化的商业探索。具体如布局互联网产业、建立文创产业园区、深化投融资以及发展新内容经济等。媒体深度融合不仅需要内容和人才的支持，同时资金支持也非常重要，为了解决资金支持的问题，不少主流媒体开始通过建立上市公司、引进战略投资者、成立基金等方式来获取资金，如中国广播电视总台与国家电网和阿里巴巴进行战略合作，引入了200亿元的投资。在此基础上，由于现有互联网产业利润率高、发展速度快、发展空间大，主流媒体还可以尝试布局互联网产业，其中浙报传媒集团早已开始了这方面的探索，并获得了盈利。除了通过跨界合作的方式，主流媒体还可以借用自身的媒体属性和公信力、影响力，在组成专业内容团队的基础上，联合本地的文化产业集团，打造企业和政府之间的关键桥梁，开发布局文化创意产业园区，如湖南广电、浙江广电等在文化创意园区的探索成效可观。

现有内容生态和平台技术不断催生新内容革命，推动着相关产业经济的发展，也使得产业边界与内容边界逐渐开始消融。在主流媒体与产业融合进入成熟阶段后，主流媒体还需要从更高层次的角度去思考其未来产业发展的方向，发展新内容经济无疑是未来方向之一，即面对交叉融合的内容平台和消费市场，传统内容相关产业和不同的内容创作者群体应该转向深挖内容价值，建立相应的商业化模式，如上报集团将发展的两翼确定为主流新媒体（新闻业务）和信息数据服务（财经业务）。

二、现代媒介融合促进社交媒体的转型

社交媒体是融合互联网技术和交往观念的应用平台。2009年，随着3G技术的发展以及与WLAN的结合，传输速度的加快一方面使得信息从简单的文本传播变成图文传播，另一方面也大大降低了上网成本，手机网民数量开始暴增，据工信部信息显示，截至2022年6月，中国网民规模达到10.51亿人。在高网速以及高智能手机普及率的支持下，高质量的图像、音频和视频开始成为新的传播形态。社交媒体应运而生，使信息传播模式产生了巨大的变革，消除了线上线下界限，成为重要的网络舆论载体，为网友提供发布信息、获取新闻资讯的渠道。

随着依赖于大数据技术的社交媒体发育愈加成熟，市场占有率越来越高，社交媒体的形态也越来越多元化，社交的理念越来越普及，“无社交不传播”逐渐成为趋势，越来越多的设备平台开始增加社交功能。如今社交媒体已经应用在互联网领域的各个方面，主要包括平台型、社群型、工具型、泛在型。

微信和微博是典型的平台型社交媒体，它们凭借早期技术和用户数量优势以及后期的积累，通过一个场所或者平台聚合资源、提供服务、响应需求，从而实现创造价值的意义。社群型的社交媒体则是通过一群有共同爱好、相似需求的人所组成的群体，创造出一种真实的或虚拟的社会关系。工具型社交媒体则是在满足用户使用刚需的基础上，再根据使用场景衍生出一系列社交应用，在这类社交媒体中社交不是重点，为消费者提供服务，间接实现经济效益才是目的。

泛在型社交媒体不是一种独立存在的社交媒体形态，而是以一种内容或者服务的形式被新媒体所应用。随着大数据、人工智能等技术的发展，社交媒体的形态只会越来越多元化，不断相互融合，满足用户不同种类的需求。

三、现代媒介融合促进全媒体的转型

对于全媒体最为普遍的认识是不同媒介形态的统一与融合。5G 技术、大数据、人工智能、云计算等智能技术的发展，使“万物互联”成为可能，社会连接能力也得到质的飞跃。对于传媒业来说，5G 技术的使用将在很大程度上消除传统媒体的传播边界，内部传媒机构在智能技术的支持下得以转型升级，内部价值链实现良性循环；除此之外，在“万物互联”的时代，传媒行业版图不仅包括主导产业，还包括上下游企业以及其他相关联企业，不同企业之间的相互合作，实现了资源、人才以及技术的有效融合，有利于形成一个更加完整系统的媒体生态。在这样的背景下，新的媒体形态应运而生，媒体行业进入“万物皆媒”的全媒体时代。在全媒体的传播格局中，融合了传媒的经济、政治、社会三重意义，突破了技术、制度、市场、业务的边界，实现了新兴媒体与传统媒体的融合、中央媒体与地方媒体的契合、商业平台与主流媒体的竞合、大众化媒体与专业性媒体的组合，最终形成立体化的“四全媒体”传播格局。“四全媒体”是指全程媒体、全息媒体、全员媒体、全效媒体。全程媒体一方面要求全方位、全领域、全覆盖式地报道新闻事件；另一方面，全程媒体要求新闻生产和传播的各个流程都处于一个相互连接、相互协调的密闭的链条中，树立全媒“一盘棋”的意识，使新闻生产和传播的流程得以优化。全息媒体嵌入式的传播方式实现了人与技术、虚拟与现实的融合，消除了时间和空间的界限，以更多元立体的方式满足受众个性化信息或者新闻需求，最终达到媒体无时不在、无处不有、无所不及、无人不用的境界。全员媒体表明新闻的传播者不再只是传统意义上的传媒平台、新闻工作者，而是任何一个普通公民都可以成为新闻的传播载体，在任何时空、任何情境下都可以获得第一手新闻资讯，实现“人人都是新闻记者，个个都有麦克风”的传收一体化传播框架。而全效媒体则要求最大限度地提高传播效率，达到应有的传播功效，让新闻资讯真正抵达受众，满足不同受众的新闻目的和需求。

从2G时代的大众媒体模式到4G时代的社交媒体模式再到5G时代的全媒体模式，每一次技术的更新迭代发展都在不同程度地促进传媒业的发展，重塑人与信息之间的连接方式，突破实体网络与虚拟网络之间的屏障，使人与技术更好地交织在一起，甚至重构了人与社会、物与社会之间的关系，为传媒领域的技术支持、业务发展、市场环境等方面提供了新的发展机遇。

第二节　现代媒介融合促进传媒产业的升级

一、现代媒介融合发展下的传媒产业技术升级

媒介融合是以技术融合为基础、以互联网为代表的传播高科技，是媒介融合发展的重要动因。技术融合不仅是媒介融合的支撑性条件，同时技术往往还直接参与构成了媒介融合的现有局面。在媒介融合的发展进程中，最初的媒介融合实践是门户媒体类型的融合，即报网融合、广播与电视同互联网的融合，需要应用互联网的实时传输技术进行支持，吸引大批的网络用户进行实时的新闻传播，这个时候的媒介融合还是简单的“相加”阶段，即内容基本一致，只是做到了多平台发布。而后，在社交媒体时代，进入了“相融”阶段，实现了各平台发布符合平台特性内容的媒介融合，这一阶段的融合通过大数据的挖掘和计算，实现人与人之间的连接，增强了用户与平台间的互动。现阶段的融合特征是场景融合，将隐藏在后台中的场景通过大数据、算法推荐和人工智能技术，进行演算和满足。

在媒介日常的生产活动里媒介融合中的技术加持，可以提高媒介报道的质量。例如，在一场媒体直播中，我们只需要一名记者、一台通信设备就能进行快速的新闻报道，而面对一些大型的直播活动，我们还可以应用VR、AR技术进行实景化制作，增强新闻报道的真实性，提升受众的新闻接收体验。从长远来看，技

术的革新能够推动媒介融合的进程，同时融合的需要也将倒逼技术的进步。

从原创媒介理论家麦克卢汉（Marshall McLuhan）“媒介即讯息”的角度设想，媒介融合的最终期待便是技术与人的融合，这也对技术提出了新的要求，麦克卢汉认为，最具价值的不是由媒介传播的信息，而是媒介手段本身。媒介一方面作为载体提供信息给受众，另一方面作为一种衡量人间事物的新标准，有助于推动社会一般认知更新换代。正如铁路的真正作用不是其运输的轮子和轨道，而是在于它加快了人类的运输速度，扩大了人们出行方式的选择范围，降低了出行的时间成本，让人们拥有更多闲暇时光。在麦克卢汉看来，媒介技术的进步直接参与构建了另一种表现方式，对个体思想情感和社会认知模式产生了直接影响。人类对未来媒介技术革新的需求类似于哲学家唐娜·哈拉维（Donna Haraway）所提出的“赛博人”的概念，即无机物机器与生物体的结合体，未来人类希望以身体融合媒介，实现身体的实时接收、制作、传播信息的效果。对“赛博人”的理解，首先要追溯到“赛博格”这一概念。赛博格（Cyborg）最初是工程领域的概念，特指通过整合外来物来拓展自我调节控制功能、适应新环境的有机体。1985 年，哈拉维提出开创性的“赛博格宣言”，率先将赛博格定义为无机物机器与生物体的结合体，如安装了心脏起搏器的身体。哈拉维还借用对“一个黄色的转基因番茄还是不是番茄”的思考，提出了一个意蕴深刻的设想——赛博格模糊了人类与动物、有机体与机器、物质与非物质之间的界限，即赛博格对于各类界限的模糊使人类的自我身份以及与技术之间的关系发生了变化。自此，赛博格成为批判性考察人类与技术关系的一种重要分析工具。进入人工智能时代，云计算、大数据、可穿戴设备、虚拟现实（Virtual Reality，VR）、增强现实（Augmented Reality，AR）、混合现实（Mixture Reality，MR）等各项技术，在不知不觉中渗透人类日常生活，促使了人的“赛博格化”。现代人通过对智能手机等产品的频繁使用，置身于智能环境中，习惯于借助智能技术处理问题，从而形成迥异于前人的信息意识与思维方式。如今，“赛博格学习者身份”的新型人类身份——赛博人，象征着道德主体的身份变迁，撼动了道德生活的原有形态，从而在根本上影响了德育活动的性质与方向。因此，需要进行技术的进一步探索，即如何将媒介的机体性与人体适配。

由此可见，无论科技如何发展，媒介融合话语如何嬗变，技术始终是媒介融合的核心。可以见得，技术的进步为媒介融合提供了新的方向，而媒介的融合发展也对传媒产业技术结构的优化升级提出了新的要求。媒介融合的实质之一就是利用新技术实现传统媒介产业的转型升级，因此传统媒体组织才会推出客户端等形式，增强媒介产业的影响力和扩大产业规模。面对新技术对于媒介融合的助推作用，传媒产业也应该注意到新技术对媒介产业的升级作用，技术水平和其创新速率对于传媒产业的升级发展具有决定性作用，因此应重视 5G 技术、人工智能技术等在传媒产业中的应用，积极利用技术进行传播形式的创新、传播平台的建设以及传播效果的预测和监督。同时，新技术的运用也对媒介从业人员提出了新的要求，传媒组织也要注重对传媒工作者的职业培养，以及相关人才的引进，为传媒产业的升级注入新的血液和活力。

二、现代媒介融合发展下的传媒产业制度升级

自 2014 年中央开始推进媒体融合战略的实施，如今推进媒体融合的着眼点在于推动主流传统媒体的转型，解决传统媒体生存和发展问题。同时，很多新媒体也在积极探索“反向融合”的路径，以提升自身媒介的内容质量和平台的权威性以及影响力，在双向需求的作用之下，媒介融合的制度便有了完善和发展的空间。国家制度和体制为新媒体和传统媒体的融合提供了政策支持和制度保障以及充足的资金保证，但是对于新媒体的“反向融合”关注度却较低，忽略了新媒体在民间舆论场的亲民性作用，新媒体融合进程较被动，因此政策的制定应该进一步侧重于新媒体的融合需求，进行双向融合的推进。政策的制定和方向对媒介融合的影响很大，也同时影响到传媒组织的传播效果和作用力，依靠政策作为媒介融合的推动力，不单单能推动媒介融合的进程、保证媒介融合的质量，也能更好地保证传媒产业的发展和进步。有政策的支持和依托，可以保证作为“事业单位，企业化管理”的传媒产业不会过多地受到市场的控制和影响，尤其是不受恶性市场竞争的影响。

长期以来，我国媒介产业发展都缺少相应的制度保障，但是在融媒体时代，传媒产业发展需要制度和政策的保障。同时也要注意政府的管控力度，保证市场活力。总之，媒介融合的有序进行需要政策制度的加持，传媒产业的结构升级也离不开政策制度的保障。

三、现代媒介融合发展下的传媒产业需求结构升级

心理学家马斯洛（Maslow）提出的需求层次理论是关于需求的结构理论，他认为人的需要由生理的需要、安全的需要、归属与爱的需要、尊重的需要、自我实现的需要五个等级构成。人们对于事物的需求是有一定等级的，随着自身经济实力的提升，人的需求会不断从低层次向高层次转移。同时，从媒介需求的角度来看，受众的需求也是从低级向高级转移的过程。受众的需求转变助推媒介融合的发展，也指明了融合发展的方向。随着互联网的普及和发展，受众的信息获取习惯从简单的文字获取逐渐递进到图片、音频和视频的获取，助推了媒介的门户融合，即同时发布纸质和互联网媒体新闻。快节奏的生活方式使得受众的信息获取从固定的获取方式转移到碎片化实时的获取方式，助推新媒体融合时代的发展。新媒体技术媒介的赋权，使得受众不仅是信息的接收者，同时也可以成为信息的传播者，因此信息从单向的获取变为互动双向的获取及传播。受众的信息获取习惯的改变和转换，助推了媒介的融合战略，发展了媒介融合的新角度。然而随着技术的不断更新进步、受众权益的不断赋予，受众的需求还会为媒介融合提出新的课题和融合方向，媒介融合还有更大的发展空间和更广阔的前景。

由此可见，在媒介不断融合发展的进程中，受众信息获取需求以及消费结构也随之变化，受众的消费习惯不断转变，会推动传媒产业需求结构的不断变化和升级。传统的传媒产业仅针对受众的信息获取需求的内容生产已经不适应受众参与性需求和互动性需求的特征，传媒产业要积极探索内容生产互动性的升级，发展方向要考虑受众新媒体方向的需求。如今，用户对媒体的选择和接触越来越追求个性化和定制化，同时用户需求也表现出跨平台的特征，传媒产业的发展要注重算法推荐和物联网的应用，同时，面对传媒产业区域性造成的区隔明显，区域分散化经营，无法满足受众跨区域、跨平台信息获取需求的问题，传媒产业应该探索协同发展路径，不仅关注内容融合、传播方式的融合，还要关注区域的融合与发展。

第七章　现代媒介融合背景下的传媒发展

媒介融合的发展，促使信息传播渠道得到了拓展，信息呈现方式也展现出了多元化的特征。同时，多样化的媒体分散了社会大众有限的注意力，这导致部分传统媒体面临着严峻的发展形势。在此背景下，掌握媒介融合发展趋势、探索传统媒体发展策略，是这些传统媒体在变革中拓展自身生存与发展空间的关键。本章分为现代媒介融合背景下传统媒体产业发展、现代媒介融合背景下新媒体产业发展、现代媒介融合背景下的传媒规制三部分。

第一节　现代媒介融合背景下传统媒体产业发展

一、传统媒体产业面临的挑战

（一）发展理念

互联网时代，各类媒体依托互联网技术已经实现了质的飞跃和发展，在全新的媒介环境下，传播的互动性大大增强，新闻对象由传统的受众角色也逐渐向用户角色进行转变，传统的媒介组织诸如报纸、广播、电视等，与新兴媒体相比，在与受众互动上有着天然的劣势。虽然融媒体建设在地方已经获得了很大的发展，但新闻信息仍然不能像微博、微信一样实现与新闻对象的实时互动，在传统媒体产业中，一些传统的理念还一直存留着。

近年来，我国的社会经济发展进入了全新的阶段，互联网社会的到来也使得传统媒体产业的思想理念必须进行更新换代，由于传统媒体产业自身的特性，其既具备商业公司的特性，同时也有着自身独特之处。新媒体时代下，传统媒体产业一方面需要实现商业利润，另一方面还肩负着舆论宣传和引导的任务。但是，由于媒介融合时代下传播环境的复杂化，所以传统媒体产业对于发展理念的更新应有足够有重视。树立全新的发展理念是进行传统媒体产业创新发展的基础环节，只有创新相关的发展理念，才能够保证传统媒体产业的顺利经营和发展。但是，在现实之中，理念的转变在传统媒体产业中是比较缓慢的，无法跟上时代和技术的发展。

（二）媒体内容

从传统媒体发展过程中所面临的挑战来看，媒体内容是一个重要方面，但对于媒体行业来说，在媒介形态不断变化的过程中，内容为王的传统发展模式也会被其他创新点所取代。在将内容转化为相应效率的过程中，传统媒体要打破传统意识形态带来的限制，要确保新闻报道的质量，从实践过程来看，在推进媒体转型的过程中，虽然投入了大量的人力和物力，但是难以保证传统媒体在当前环境下的创新发展。结合当前新媒体环境下所衍生的普遍被大众所接受的新浪微博、百度平台来看，虽然也是以内容为主的媒体，但其在应用过程中强调交互性，突出大众的参与过程。客观上说，内容遇到了一定的瓶颈时，传统媒体就更应该发掘大众所关注的内容，巩固受众群体，既要做好内容上的创新，也要利用数据挖掘工具对内容进行重新诠释，全面梳理各项价值信息，以此来帮助传统媒体转型获得更多的创新点。

（三）传播形式

从传播形式来看，在当前的时代背景下，媒体行业发展会通过信息技术和人才保障等来加快媒体传播的速度，从创新的角度来对以往发展过程中的短板进行改善。随着自媒体等新平台的应用，传播形式也更加多样化，但是客观来说，媒体发展过程中的同质化现象较为严重，只能在短期内获得一定的利益，对于长期发展而言仍然存在较大的限制。而传统媒体本身在传播效率和内容上不占优势，在转型过程中就应该关注传播形式这一问题，把握时代要素，构建一条完整的产业链，依托政策优势来整合各项有助于传统媒体转型的价值资源，并在创新过程中逐步找到创新特色。

（四）从业人员

导致传统媒体产业发展缓慢的原因之一是部分媒体从业人员的能力与业务素

质较低。传媒从业人员年轻化的趋势尤为明显，这使得从业人员与行业价值观之间始终存在较为突出的矛盾，导致新闻报道所基于的视觉与传统的新闻视角之间始终存在较大差别，从而使新闻价值观无法得到正确体现。

二、传统媒体产业转型发展的意义

（一）有助于突破传统媒体发展的瓶颈

从目前媒体行业的发展过程来看，传统媒体已经陷入发展瓶颈期。受新媒体的冲击，传统媒体暴露出了诸多问题，其内容和形式越来越难以满足时代发展的需求。从信息传播方式来看，传统媒体主要依托电视、广播或报纸等早期媒介形式进行信息传播。这些媒介形式的信息传播载体较为单一，信息传播存在滞后性，信息更新速度较慢。

在传统媒体时代，时间和空间在一定程度上限制了人们对信息的获取，新媒体技术的应用在一定程度上使传统媒体产业突破了时空的限制，进一步发挥传统媒体产业较强的专业性和技术性，为信息传播提供更加便捷、高效的渠道，也有助于加强传统媒体与受众之间的联系，满足传统媒体产业信息化发展的需求。

（二）有助于优化传统媒体信息传播的内容和形式

随着新媒体行业的迅猛发展，信息的传播速度更快，内容更加多元化。所以，利用新媒体的优势对传统媒体产业进行转型发展，有助于传统媒体产业更好地生产优质内容和更高效地传输信息。传统媒体产业的信息传播和内容生产流程较为复杂，并且信息的编辑和处理也需要较长时间，这在一定程度上降低了新闻的时效性。而传统媒体产业的转型发展可以实现新闻信息在多个平台的发布，促进新闻信息的迅速传播。人们通过多个平台对新闻信息进行获取，有助于形成更多的新闻热点话题。

在内容生产方面，虽然传统媒体具有权威性、专业化的优势，但在信息传播过程中会受到诸多的限制。所以，传统媒体产业的转型发展有助于提高内容传播的针对性和有效性，实现传播内容的多元化。与此同时，传统媒体产业的转型发展还能增强信息传播的交互性，弥补传统媒体产业新闻信息传播单向性的不足，及时收集受众的意见和建议，进而不断完善信息传播的内容形式，使新闻的内容和形式更符合人们的需求。

（三）有助于形成基于新媒体技术的产业链发展模式

相比于新媒体产业化发展，传统媒体的产业链构建还不够完善。由于传统媒体信息传播的单一化和传播途径的局限性，传统媒体产业无法构建出覆盖上下游多个领域的媒体发展产业链。而在新媒体时代，信息传播的渠道和途径得到了进一步拓宽，相关机构可以利用不同平台的优势，针对不同人群进行信息的同步传播，进而形成新媒体产业链。在进一步拓宽受众范围的同时，新媒体还可以通过付费播放的方式打造高质量的内容生产品牌，提高平台的影响力，同时获得更高的收益。以湖南广播电视台为例，近年来，电视台的管理者充分依托新媒体产业，打造涵盖线上线下，传统电视台、视频软件和视频网站协同发展的新模式，大大加强了年轻受众的关注度，同时还能为传统媒体平台引流，产生了更大的经济效益。线上线下交流互动渠道的进一步开发有助于传统媒体和新媒体平台实现内容同步播放，进一步完成产品开发和业务拓展。

三、媒介融合背景下传统媒体产业发展策略

（一）坚持党管媒体的基本原则

治理这一概念虽然起源于西方发达国家，但是在引进我国，成为指导中国特色社会主义现代化事业的重要理论后，就逐渐从西方范式中脱离，并根据我国已有的制度体系和执政方式进行了不断调整。在西方，公共治理的主体通常是政府机构，而在我国，治理主体不仅有政府机构，还有各级党的领导机构。中国共产党是我国的政治权力核心，也是社会公共事务的权力核心，所以在我国任何领域，坚持党的领导都是中国特色社会主义制度背景下的基本原则。

在传媒业，坚持党管媒体原则是中国共产党在长期实践中形成的根本原则，是中国特色社会主义制度的重要组成部分，充分体现了我党的制度优势和时代精神，为党的新闻舆论工作提供了强大的思想武器。对包括党的机关报纸和各类市场化媒体在内的媒体机构置于党的领导下进行规范管理，确保党对媒体的绝对领导权和管理权，确定各级各类媒体为人民服务、为社会主义服务的基本导向。

中国共产党成立之初，就十分注重传统媒体产业的建设，而且对媒体拥有绝

对领导权，媒体必须在党的领导下进行宣传报道。后来，我国初步建立起了一种以党的组织系统为依托，并接受党对媒体各项工作进行全面领导的管理体系。共产党的各级党委一般都设有党报委员会，统一管理一定范围内所有的宣传活动。同级党委的宣传部负责人对党报负直接领导责任，并要经常向上级党委及时汇报情况。

1954年，党曾先后派出多批代表团访问苏联，将苏联传统媒体产业的管理体系作为我国传统媒体产业体制建设的参考，所以在改革开放之前，我国传统媒体产业体制基本是战时状态党报体制的扩展和延续。历史的现实告诉我们，舆论阵地与政权的稳固密不可分。新中国成立一段时间后，中央政府曾设立了专门管理传统媒体产业的行政机构，实行党政分离的模式来使得党的精力能够全部投放在思想意识形态领域，但这种新的尝试并没有维持太久。在改革开放之前，所有的传统媒体业务皆由党委统一负责。

1978年改革开放之后，在经历巩固政权、完成社会主义改造后，在以邓小平同志为核心的党的第二代中央领导集体的带领下，中国社会发展主题从“以阶级斗争为纲”变为“以经济建设为中心”，将工作重点转向了国家建设。这促成了执政党与政府、社会和市场关系的改变，其中也包括党对传统媒体产业管理理念的转变。之前的传统媒体定位是“革命事业与阶级斗争的笔杆子”，其整体运作都充分发挥了党报宣传与动员的政治功能。而在我党确立解放思想、实事求是的思想路线和实践标准后，党对传统媒体的基本定位有了新的诠释，即“人民性”和“党性”并重的信息传播媒介，也是对传统媒体传播信息、为大众反映真实社会生活这一基本功能的认可。1992年，党的十四大提出“中国经济体制的改革目标是建立社会主义市场经济体制”，新闻媒体行业正式进入市场化阶段，此时党对传统媒体的运用理念是“党和人民的喉舌”，在这一基本定位不变的前提下，承认传统媒体的市场属性，即宣传与经营并重。①党管媒体主要包括两方面的内容：一是各种媒体必须置于党的领导下；二是中央宣传部及各级党委宣传部是具体领导机关。②从党管媒体的发展历程来看，不管在任何一段历史时期，党向来都是从战略高度来对待媒体工作的，所以我国传统媒体产业的发展脉络和党的领导方式紧密相连。③传统媒体产业因为自身的特殊属性，与社会政治、经济、文化等领域都有密切的联系，在党的领导之下，传统媒体产业围绕党在各个时期的历史任务，大力宣传党的路线方针政策，对于党完成其中心工作起到了巨大的推动作用。无论形势如何发展、媒体格局如何变化，坚持“党性原则”一直以来都是党领导新闻舆论工作的根本，为党的各项事业不断取得胜利提供了重要推动力。在媒体高度市场化的今天，这种管理制度仍然能在新形势下发挥“定海神针”的作用。随着新媒体的广泛应用，传统媒体作为一种重要的社会子系统，在党管理的整个社会宏观系统运转中所承担的任务越来越重要。它在党向公众传播信息、宣传贯彻其执政理念和传播价值主张时起到重要的“喉舌”作用，并且党借助媒介融合的种种优势，极大地增强了其执政的影响力和执政活动的便利性。

面对媒介融合的发展态势，传统的媒体格局和舆论生态都出现了深刻的改变，新形势、新格局对于党管媒体原则来说既是新的机遇，也是一种挑战。这种情境下，如何在新闻舆论工作中贯彻落实党管媒体原则、如何守好日益复杂的宣传舆论阵地、如何巩固和壮大主流思想舆论、如何掌握意识形态斗争主动权都将严重影响我国政治安全和意识形态安全。所以执政党和大众传媒的关系也需要以治理的视角进行重新的梳理，探索对于传统媒体产业而言更好的管理方式，以此来更好地发挥传统媒体作为党执政资源的力量，从而让党更好地履行自己的功能和职责。

（二）提高多元化经营水平

传统媒体产业要实现规模化发展。随着市场化程度的逐渐加深，传统媒体产业中“赢家通吃”的“马太效应”越来越明显，因此中国传统媒体产业有必要迅速构建跨媒体、跨地区、跨行业的大型传统媒体集团，扩大规模。在规模化发展的过程中，要运用好“资本”这个助推器，资本要成为跨越式发展的重要跳板；同时，大多数传统媒体企业在规模扩张后，也要充分利用资本市场解决资金瓶颈问题，通过资本运营实现加速扩张。

传统媒体产业要实施集约化管理应做好以下几点。①按市场机制调整资源结构，合理布局，重点扶植优势媒体，坚决关停淘汰效益欠佳、生存艰难的媒体。②在整合媒体资源的基础上，调整传统产业结构，剥离没有前途的非主业经营项目，集中有限资源发展主业经营，开发新产品、开拓新市场，找到并重点扶植新经济增长点。③从战略高度整合运营媒体资源，减少重复建设，减少内耗，以节俭、约束、高效为管理原则，提升传统媒体产业的核心竞争力。

传统媒体产业要注重专业化运作，遵循各产业发展的客观规律。通过引进培养专业人才，以人才能力建设为核心，以培养机制创新为动力，以优化结构、增强效能为主线，不断提升人才队伍的凝聚力、创造力、战斗力，努力营造包容大气、干事创业的人文环境，着力构建符合先进传统媒体集团特点和现代企业要求的人力资源管理服务体系。以建立一流现代化传媒集团为导向，通过不断优化产业链及事业线各环节的资源协同利用，逐步建立统分结合、点面结合、重点突出的事业和产业管理体系，建设“事企分开、权责明晰、富有活力、管控有效”的产业管控体系。我国经济发展进入新时代，传统媒体产业发展也到了一个新关口。传统媒体产业要在坚持社会主义先进文化前进方向、坚定文化自信、增强文化自觉的前提下，加快改革发展，为增强国家文化软实力／建设社会主义现代化文化强国做出应有的贡献。

（三）创新传统媒体产业管理模式

1．加快资源管理和数字化整合进程

以视听资源为传统媒体产业支撑的资产管理，是做好传统媒体资源价值变现的基础，也是响应时代的创新要求，对新媒体数字时代的回应。目前，很多广电媒体库房堆积着多年以来厚重的信息资料，应及时对纸质信息进行数字化整理，推动数字媒体信息化建设。

与此同时，应从多方面加快对传统媒体特有资源的整理，有效整合全媒体传统媒体资源，统筹原传统媒体平台的融媒体资源，引领媒体深度融合，加强传统媒体产业各部分业务单元的沟通协作和交流，提升传统媒体产品的生产力，打造产业发展的新引擎。

2．改革传统媒体体制机制

传统媒体产业组织结构和运行机制关系着传统媒体产业输出的产品和服务质量，创新体制机制是推动城市传统媒体产业深度融合的内在要求。深化改革，加强顶层设计，改革创新员工的激励机制和薪酬机制，动员产业人员进行融媒体产品研发，是激发传统媒体产业融合发展的内在动力。在融合机制上，从市场维度明晰传统媒体产业体制机制在媒体融合上的改革方向。市场的广告大环境和新的诉求引领着传统媒体产业的融合方向，要从决策、运营等不同方面切合市场的需求，深化改革的同时推动传统媒体的深度融合发展。要对内容生产运营机制进行改革创新，加强产品运营管理，加强新媒体运营管理和把控，制定严格的产品运营管理条例，优化流程管理办法，实现在不同传统媒体渠道的广泛传播。广泛拓展融媒体资源的营销渠道，建立扁平化的营销体系，改变传统的“一次投入，一次产出”的产品打造模式，通过对产品所有权和使用权的细致划分，对版权进行灵活有效的管理，让不同类型的产品内容都能实现多平台的营销推广，并实现多个传播阶段的高价值传播。

3. 强化内容统筹管理

传统媒体集团必须坚持一个制度、一个标准，对集团所属的部分需要坚持同一套管理制度，奉行一样的标准体系，全面加强对内容的统筹管理。在梳理目前管理制度的同时，强化对运营内容风险的预警机制，增强对日常经营业务的调控力度，建立行之有效的内容管理监督体制。坚持在实际运营中发现问题、解决问题，严格把控内容质量，突出日常监管和审核，优化旧有的质量把控体系，不断根据新媒体的发展创造新监管流程。重点监控融媒体运营内容，完善内容统筹管理流程，合力打造地方传统媒体特色传播矩阵，有效将内容辐射到下属机构和部门，推动传统媒体产业的深度发展和融媒体中心建设。

（四）优化传统媒体产业管理机构的设置

传统媒体产业最早是以不同产业基于不同技术基础开始发展的，如报业是基于印刷技术，广播电视利用的是有线或无线电磁系统。所以，世界各国的传统媒体产业在早期发展过程中都呈现出广播、电视、报纸等几大产业纵向分业的管理特征，这种特征决定了不同产业都有自己相对应的规制内容。甚至有些国家为了避免规制混乱或市场垄断选择实施严格的交叉禁入政策。在我国也同样如此，不同类型的媒介受对应媒介管理部门的垂直领导，早期以交叉禁入、分业管理为特征的竖井式模式是出于对传统媒体产业垄断问题的考虑，但在媒介融合的大趋势下，这种界限分明的规制已经成了传统媒体产业进一步发展的阻碍和束缚。

2013 年，在我国传统媒体领域内推行的大部制改革，将国家新闻出版总署和国家广播电影电视总局整合组建国家新闻出版广播电影电视总局，这一举措可以减少不同部门之间的职责交叉，进一步落实好管理责任，提高行政效率，促进政府职能转变。但是，署局合并后的新闻出版广电总局与相关部门仍有职权交叉的情况。例如，国家新闻出版广播电影电视总局与文化和旅游部在动漫、手游行业的事前审批、事后监管中存在职能交叉，与工信部在处理互联网相关业务时存在权限交叉等。传统管理模式以媒介种类作为设置机构的依据，但是通信、数字等技术的出现打破了它们之间的技术限制，由此看来，明确各部门的职能，梳理部门之间的关系，以新的管理方式对现行分业管理模式进行补充应该是推进我国媒介融合的核心任务。

从世界各国在传统媒体产业实施的机构变革方面的实践经验来看，构建横向分层的机构框架更符合媒介融合的发展趋势和传媒业的管理思路。例如，在日本的电信业，将电信设施经营者和电信业务提供者分为两块领域分别进行规制；还有一些国家横向管理机构的设计逻辑是按照整个传媒业从内容生产、传输分发、终端接收等媒介运作的环节重新建构规制架构；在马来西亚，将电信和广播电视中的所有管理业务整合成了四大类，即网络设施业务、网络服务、应用服务和内容应用服务。在我国，纵向分业管理的历史悠久，又因为横向行政力量的牵制，所以并不适合像马来西亚对传统媒体产业实施的那种彻底从纵向分业向横向分层变革的方式。根据路径依赖理论，原先的体制选择会对新体制改革造成惯性依赖，所以要慎重制定改革政策，并且在实践过程中要不断进行调整，保证其能够在正确的改革方向上前进。

所以，我国可以进行一些局部的尝试或者以横向分层规制作为纵向分业规制的补充内容，依据这种思路来设置传统媒体产业的管理机构和管理权限会更加合理。

（五）加强专业融媒体人才的培养

传统媒体产业的发展离不开人才支撑，无论战略多好，缺少专业高素质人才都是难以执行的，只有打造专业的融媒体人才队伍，才能让传统媒体产业进行融合发展，提高融媒体的发展质量。过去在媒体行业，传统媒体从业者需要具备写稿这一基本能力，大多数工作也以写稿为中心进行，并且以此为基础细分岗位，安排专人负责编辑新闻内容、排版和发布等。即便是电视媒体需要处理画面和声音，也以专门与后期包装团队合作为主，大多数从业人员是前期工作者，采写往往是他们最主要的任务。如此一来，传统媒体制作新闻内容的流程仿佛流水线作业，从业人员在每一个环节都专注各自负责的事务。过去，因为发布信息的渠道较少，且相对集中，这样的模式确实符合当时的时代发展要求。只是这一模式不能更好地满足融媒体时代下生产新闻产品的需求，非常不利于媒体深度融合发展。

融媒体时代下信息发布渠道、信息接收渠道日益多样化，除了大众早就熟知的广播电视和纸质媒体，还有大多数受众已经接受的微博、门户网页、微信公众号等，越来越多的人开始使用各种各样的智能手机应用软件和短视频平台。传统媒体产业要想持续发展，并继续占领舆论阵地，势必要和其他媒体融合，提高竞争力，主流媒体和自媒体之间更是如此，才能扩大传播力、影响力。

所以，从传统媒体产业的角度出发，培养专业融媒体人才势在必行，不仅要创新人才队伍建设，改善人才招聘原则、招聘制度，革新传统人才选拔方式，还要加强对从业人员的定期培训，加深他们的融媒体认知，充实专业知识，更新融媒体技能，提高专业素养。如此，传统媒体从业者才能纷纷突破固有思维的束缚，主动拥抱融媒体时代。融媒体人才主要通过综合素质来体现专业水准，或许他们在单一技能上并不亮眼，但全面是可贵的品质，一人就能完成从采写、编辑到传播、多平台发布等所有流程，让媒体运营效率得到最显著的提升。同时，专业融媒体人才能够对单纯搬运内容进行精准的、深度的二次信息加工，适应融媒体模式下的多平台传播。想要达到这样的专业性只靠思想观念提升与理论培训是远远不够的，传统媒体产业必须进行整体的调整与优化，引导从业者在实际工作中自觉进行融媒体实践，不断进步。

（六）完善传统媒体产业的法律规制

1. 引入分类管理的法律规制理念

对于传统媒体产业而言，其功能价值具有多样化，如果想要使其功能价值得到有效发挥，必须有科学、合理的法律规制理念作为支撑。关于这一点，可以借鉴发达国家传统媒体产业发展的经验，然后充分结合我国传统媒体产业的特点和基本国情，合理引入分类管理的法律规制理念，针对功能类型不同的传统媒体产业采用不同的管理方法。基于传统媒体产业的功能主要分为两大类，即商业性传媒与公益性传媒。

对于公益性传统媒体产业而言，一般会得到国家的财政支持，属于非竞争性传统媒体产业；对于商业性传统媒体产业而言，一般是由社会资本投资，属于竞争性传统媒体产业。前者往往都是事业单位，一般是将贯彻实施政府意图摆在第一位；后者往往都是企业性质，应当在遵守法律规制的基础上追求经济利益。基于分类管理的法律规制理念，具体的法律规制要按照传统媒体产业性质而采取不同的法治监管模式，从而更好地规范传统媒体产业的行为。

2. 完善法治监管体系

传统媒体产业对于社会和谐发展具有十分特殊的作用，不仅需要完善的规制体系作为支撑，而且必须由具有权威性的机构来落实监管，从而保障传统媒体产业的健康发展。如今，我国加强了对行政资源的整合，并集中了监管力量，成立了传统媒体产业规制的行业监管机构，主要由党委部门、政府机构以及新闻工作者协会等组织共同负责完善，并加强各个主体的协调与互动，逐渐形成了“他律”与“自律”相互结合的媒体监管体系。然而，当前的媒体监管体系主要存在的问题是，各个组织之间的职能、权利缺乏明确的法律依据，特别是在新媒体时代下，监管体系还未进行对应的调整与完善。所以，结合新媒体时代的要求，构建并完善法治监管体系，重点加强对移动媒体、自媒体、融媒体、全媒体等各个领域的监管，并对传统媒体主体的行为进行规范，使其能够在重视自身社会责任的基础上提供传媒服务。

3. 查漏补缺构建全面的法律规制内容

传统媒体产业的发展不仅与国家发展大局息息相关，还关系到民众普通生活以及和谐社会的发展，因此十分有必要对传媒资源进行合理配置，不仅要注重经济发展的效率，还要体现市场公平的配置要求。对于传统媒体资源配置而言，市场机制是主要的方式，必须体现合理性与公平性，但要注意的是，仅依靠市场机制无法有效避免非理性行为的出现，这样就会对传统媒体产业的社会效益产生不利影响。为了构建全面的法律规制内容，应当基于舆论引导的社会公共性，建立传统媒体产业发展的行为规范机制，从而更好地完善法律规制的内容与功能。一个内容全面的法律规制体系，应该包括传统媒体产业的市场准入标准、法治监管、责任追究、行为约束等方面的内容，有利于平衡市场利益与社会利益之间的关系，进而从源头上规避传统媒体产业发展的各类风险。

（七）加强传统媒体与新兴媒体的融合

1. 内容融合是实现媒体融合的基础

在传统媒体与新兴媒体融合的过程中，内容的融合是最为基础的。只有在实现内容的融合时，才能真正形成媒体之间的融合。然而，从根本上讲，想要实现内容的可持续性传播需要媒体依据受众的阅读习惯，提供相对专业、高质量的内容。只有拥有高质量的内容，才能抓住受众的心理，促进受众持续关注媒体信息，进而提高媒体的竞争力。对于新兴媒体而言，主要通过互联网、终端设备来传播内容。不仅可以将丰富多彩的图片信息提供给受众，还可以通过音频、视频等方式使受众的不同需求得到满足，在互联网中实现与受众的积极互动。这种独具特色的传播方式使新媒体受到了人民群众的广泛喜爱，占据了媒体市场的重要部分。

所以，传统媒体需要充分借助融合的机会，有效地与新媒体的传播技术与方式进行深度融合，为传统媒体的内容播放增添丰富的色彩，实现传统媒体内容更好地传播于人民群众。传统媒体产业在学习新媒体相关先进技术时，也需要注重发挥自身优势，依靠传统媒体高质量的采编水准、规范化的采编流程，对出版物进行专业化的创作，为受众打造具有深度的、有价值意义的高品质读物。在当前的新媒体时代下，更加强调受众对信息的个性化需求，受众人群依据自身的兴趣来选择不同信息，在一定程度上提高了受众黏性。传统媒体要运用新媒体的技术来满足不同受众人群的需要，加强传统媒体的用户关注力。此外，新媒体还加强了与受众之间的互动。在融合过程中，传统媒体也要积极地将用户带入互动环节之中，从而实现融合从一维向多维的转变。

2. 加强媒体行业体制创新

在进行不同媒体融合的过程中，需要创新传统行业体制。在创新之下实现结构优化，以及资源的有效配置与整合。充分运用互联网思维来适应融媒体时代的发展需要，对于企业的内部结构进行科学的调整与完善。采用这种方式能够为融媒体的发展提供相应的制度保障。

第一，可以调整媒体运作流程，有效运用新媒体的传播特点与受众接收方式二次开发传统纸质资源，在这样的优势互补之下可以在融媒体的发展中创作出高质量的作品。

第二，完善内部结构。不仅需要完善内部的管理制度，还需要调整内部人员，实现资源的有效配置。

第三，打破限制壁垒。在融媒体时代，更强调实现信息资源的共享，这样才能促进传统媒体与新兴媒体的深度融合。

（八）加强区块链技术在传媒产业中的应用

1. 多种激励方式相结合，优化用户体验

区块链媒体以“代币经济激励”机制让用户参与到生产创作、交流互动、事实核查的过程中来，但出于获得经济回报的动机极易诱发投机性的纯获利行为以及“虚拟货币”可能引发的经济泡沫。所以，采取多种激励方式相结合，借鉴新媒体中微博平台的激励方式，如荣誉感、社交鼓励等方式不断优化用户体验也是一个可以参考的改进路径。

如今，部分新媒体也在平台运营中加入了适当的经济激励，在直接的经济刺激下，平台的资源和注册用户数量得以成倍地增加，但是同时，出于获取经济利益的目的，一直出现各种“标题党”、剽窃、抄袭的现象，这也给区块链媒体带来了警示：区块链媒体要想实现长久发展，仅仅凭借由区块链技术内生的代币激励机制作为运营方式还不够。

在人人都拥有“麦克风”的时代，人们进行内容生产的动力还取决于其他因素。

一是创作带来的荣誉感。基于人们的心理需求，当一篇创作能够给人带来满足感和其他人的认可、褒奖时，人们会更趋向于继续去做这件事来不断获得自豪感和他人的认可。区块链平台可以在这方面设置“荣誉奖章”“模范评选”等内容，将对平台有贡献、专注生产优质内容的用户纳入“名人堂”，以此不断激励其继续创作。

二是能够给用户带来良好的体验。E-Civil 平台的运行机制就没有充分考虑到用户的体验感，如为了避免投机行为，E-Civil 平台要求用户在认购 CVL 代币的时候，还要回答 40 多条有关区块链技术的知识测试，连其内部人员都表示“这是具有难度性”的，更让想要成为此平台的用户望而却步。

三是为代币的使用创造更多的方式和场景，设计相应的机制来促进代币的流通，使代币持有者成为更紧密的利益共同体，维护经济的可持续性。因此，社交激励、荣誉感、优质的服务体验以及多元化的代币使用场景也能在一定程度上提高用户的参与度、满足度，将多种激励方式相结合能使平台更加稳定、更有吸引力，多元化的激励方式也会让用户对平台的后续发展充满信心，以此吸引投资助力平台运营。

2. 建立透明、有保障的问责机制，完善监管体系

在区块链“去中心化”系统中，运行系统能够在无中心机构介入的条件下实现自治化运营，让陌生个体之间达成低成本、高效率的信任创建，促使交易完成。其技术内生的特点让区块链平台拥有天然的信用保障，因此区块链平台被认为是能够有效保护版权、打击虚假新闻、提升内容传播质量，从而改善当前传播乱象的希望之地。但同时要了解的是，区块链技术虽然可以实现永久存档、追根溯源找出信息作者，使传播主体形成敬畏心理，但在实际生活中，一个假新闻的产生也会存在无法溯源、构成新闻的必备要素缺失这样的情形。区块链技术只能对定性、定量、无可争辩的事实进行安全记录，而对那些具有主观倾向和开放性理解的事实却无法辨别。另一方面，区块链技术在理论原理方面，还是存在着被攻击的可能。就算当前几乎没有计算机具备攻克区块链防御网的技术条件，可一旦技术得到突破，那么区块链“不可篡改”的特性也将彻底消失。

因此，更应准确区分“中心化”与“去中心化”两者之间的关系，E-Civil平台为此成立了事实核实平台，用户可以通过该平台对所阅读到的信息进行标记、举报，这个方法有一定的可取度，但还不足以产生更大的影响力。从这点来看，适时引入“第三方”外部监管，建立强效的问责机制，能够更好地完善区块链体系。如在外部适时引入信用部门进行监控，给予部分权限，一旦发现系统受到攻击，立马采取手段阻止信息被恶意篡改，同时不断完善对虚假新闻、低俗内容传播者的问责机制，加强平台规范，提高违法成本，以此稳固区块链体系的安全性，真正杜绝虚假新闻的产生。

3. 加强人才培养，突破技术瓶颈

鉴于区块链技术目前明显存在的缺陷，加快区块链技术的研究和开发十分必要。一是对理论上存在 51 %的算力漏洞，导致有黑客入侵的风险需加快研发进行技术攻克；二是由于区块链系统节点多，且每个节点都有“记账权”，导致系统需要大量的储存空间进行数据备份，这就需要在区块链技术算力、空间备份、存储消耗等方面加大研发力度，不断突破技术瓶颈；三是共识系统会大量耗能导

致运行成本偏高、区块吞吐量少，效率有待进一步提高，无法满足大规模应用需求，对此国家应出台相关政策，营造良好的区块链技术发展环境，大力扶持软、硬件等核心技术的开发。另一方面，需要尽快建立并完善区块链媒体专业技术人才的培养体系。区块链技术作为一门综合性强的新兴技术，结合传媒行业实现应用，对人才的专业性要求极高。不仅要求人才拥有计算机、密码学等综合专业知识，还要求人才拥有采、写、编的能力以及丰富的传媒运营经验。行业的发展离不开优秀的人才，各高校和专业机构应对培育高水平技术人才予以重视，建立实验室，选拔领军人物，打造一支高层次人才创新队伍；传统媒体产业自身要不断加强对于区块链技术的学习，对传统媒体行业人员组织进行技术培训，不断增加其区块链技术专业知识和提高应用实践能力。

对于传统媒体区块链而言，不管是资金投入还是外界关注度都远不如金融、互联网行业，在这样的形势下，传统媒体产业自身要不断加强对于区块链技术的学习，及时总结经验，外部也要加强了解和宣传传统媒体区块链的应用，引起更多企业关注传统媒体区块链行业，稳固构建传统媒体产业自身的区块链体系。

第二节　现代媒介融合背景下新媒体产业发展

一、新媒体产业发展现状分析

（一）新媒体产业发展的现状

1. 数字经济发展态势良好

2018 年，我国数字经济发展态势良好，数字经济规模达到 31.3 万亿元，占 GDP 比重达 34.8 %；2019 年，数字经济规模增长到了 35.8 万亿元；到了 2022 年，数字经济进一步发展，由于信息技术和实体经济的快速融合，其规模达到了 50.2 万亿元。可见，数字经济的发展推动了新媒体产业的进步，并为新媒体产业的发展提供了充足的动力。

2. 互联网发展基础较好

一方面，互联网基础设施条件较好。截至 2022 年 12 月，我国网民规模达到了10.67亿，网络普及率为75.6%，可见人们对互联网不再陌生，尤其是移动互联网领域，其用户总数已经超过16亿，其中有4.55亿用户为5G用户。电信企业在移动网络基础设施建设方面发展较快，移动通信基站数量不断增加，截至2022年6月，国内共有1 083万个移动通信基站。互联网行业发展态势良好，同时，网民规模呈现出稳定增长的发展态势，互联网基础设施逐渐完善，新媒体产业正朝着数字化方向转型，产业的创新能力也逐渐提升。

另一方面，和新媒体有关的产品应用率与普及率较高。我国的网络新闻用户和网络视频用户等数量十分庞大。截至2022年12月30日，微信月活跃用户为13.1亿，抖音等客户端的月活数基本保持在9亿左右。这为新媒体产业的可持续发展奠定了基础，创造了有利条件。

（二）新媒体产业存在的问题

1. 技术创新能力较差

新媒体产业的发展对数据分析、机器协作等方面的技术门槛要求很高，技术的创新发展需要资金的不断投入，但是目前中国新媒体产业中的技术创新能力仍旧较差，这成为制约新媒体产业创新发展的重要因子。例如，在户外新媒体的发展中，因为相关通信技术的因素，信号不佳会影响信息的正常接收和传输。尤其是在网络直播盛行的新媒体时代，信号传输的快慢会直接影响用户的观看体验与舒适度。此外，综艺节目制作的好坏也会受到技术的制约。技术创新不足会直接影响新媒体产业的持续、健康发展。

2. 市场销售渠道不畅通

新媒体产业的产品制作周期较长，产品的价值实现需要一个漫长的过程，存在太多不确定因素和较大的风险。因此，在新媒体产业发展的过程中，因为新媒体的制作成本较高，一些中小新媒体企业经受不住制作成本高昂的情况，一些新媒体产业太过分散无法及时调动资金，导致产品的质量不断下降。另外，由于市场竞争会造成市场的销售渠道不畅通，同时缺乏高素质的人才和先进的技术也导致新媒体产业的发展更加无法满足社会的需求。

3. 产业形式同质化严重

如今正处于信息爆炸时代，信息泛滥及同质化现象十分严重，这是整个新媒体行业都面临的问题。随着互联网技术的快速发展，产业形式同质化问题更加严峻。大量新媒体产业的兴起，在很大程度上满足了不同领域不同消费者的需求，但是新媒体产业发展中的问题也在不断增多。例如，在日常生活中新闻内容在不同平台上几乎采取同一种语言表达方式，无视原始创新的初衷，信息的原创性以及完整性未得到较好的体现。信息的同质化和原创性的缺乏在一定程度上阻碍了新媒体产业的创新发展。

4. 产业监督管理不合理

由于一些新媒体的发展只顾及眼前的利益，目光十分短浅，没有做好全面可持续发展的准备。为了占有更大的市场份额和利润，营销策略就选择一些较为低俗，但引人注目的新闻内容，有些甚至还包含色情和暴力内容。类似事件的发生不单单是由于内部监督管理机制不合理，更多的还是由于社会责任感的缺乏。这些新媒体在传播低俗信息时并没有考虑对社会的综合影响，只顾经济效益，社会效益十分不好，甚至败坏了风气。对于青少年来说，这些不健康的视频、图片和短信无疑会极大地影响他们的身心健康，更不利于构建社会主义和谐社会。

5. 人才培养与引进机制不完善

新媒体产业是人才密集型产业。分析学科设置方面发现，由于新媒体行业是一个新兴专业，开设新媒体对口专业的高等院校较少，基于新媒体行业需求培养新媒体行业人才的意识相对薄弱。新媒体发展较快，高校不能及时形成完善的教学体系，与产业发展存在一定的脱节。新媒体人才培养和输出的速度跟不上行业发展的步伐；从新媒体行业的人才培养来看，即使很多学校开设了与新媒体领域相近或同级别的专业，但是人才培养的结构比较简单，势必会与市场需求相脱离，培养的学生的实践能力也较弱，不能和新媒体产业实现较好的对接。

二、现代媒介融合背景下新媒体产业发展策略

（一）推动内容创新与去同质化

信息的泛滥与同质化现象日益严重，是新媒体产业发展中面临的主要问题。例如，很多平台在发布新闻内容时所采用的语言表达方式几乎相同，不仅在一定程度上破坏了消息的原创性，而且影响了内容的完整性与真实性，阻碍了新媒体产业的发展。新媒体产业在注入新内容的同时，也要意识到一味地模仿或照搬照

抄是无法长远发展的。在互联网时代，新媒体产业的创新应着重解决信息泛滥与同质化问题，对此提出以下建议。

第一，整合信息资源，优化信息结构，依靠大数据挖掘与分析技术，从海量信息中筛选出有价值且有积极影响的内容，采用有效的传播方式进行信息的传播，合理选择数字化平台对消息内容进行发布。新媒体在依靠社交平台传播信息的同时，也要对优质的新媒体品牌进行创建。

第二，注重内容的创新性，营造提倡创新的新媒体发展环境，提升新媒体产品质量，使其内容和形式更加多元。积极适应“三网融合”的发展环境，加大新媒体平台研发力度，借助数字媒体平台简化用户操作。

（二）创设新媒体产业先进经营模式

新媒体产业要在不断调整的过程中进行改革和发展，寻求更好的营利模式，确保产业储备资金充足，全面进行结构整合。广告相对来说是获利的主要来源，因此更应该以科学合理的方式对产品进行全面了解，以确保产品的安全性，正确引导消费者，在获取物质财富的同时，也要回馈社会。在资源不断更新调整的过程中，新媒体也在逐步深入用户的日常生活，增加用户付费节目也成了获利的良好模式。在知识产权方面，公司也要做好相应的对策，促进发展。同时，要加强收费内容的创造性、综合性、合理性编辑。随着时代的进步发展，还要注重国内外资源的整合，通过合理规划使信息内容更为丰富，稳步增加利润。

（三）新媒体注重加强和传统媒体共赢合作

相比于传统媒体，新媒体更侧重传播以及插入形式的多样化，传播内容更加多元。然而，新媒体产业大部分具备平民性质，特别是随着自媒体的兴起，网络信息铺天盖地，信息真假难辨，其威信以及管理能力也在很大程度上受到了大众的质疑。实际上，新媒体可以与传统媒体进行融合发展，呈现升级形态，这不但可以为大众打造良好的沟通互动平台，可以第一时间发布信息，更加重要的是还可以实现资金整合和技术整合，大幅降低新媒体产业的运营成本，提升经济效益。例如，一些书籍网站可以拓展智能终端服务，为移动上网用户提供部分新书和畅销书章节的免费阅读，以吸引消费者的眼球。依托新媒体与传统媒体的有机融合发展，不但可以让信息传播效果更为理想，还为双方媒体构造了非常可靠的营利桥梁。在数字化经济环境下，新媒体产业发展潜力巨大，能够激发新的商业合作生产模式以及市场运作模式，提高企业竞争力。要把握市场需求，根据市场需求不断调整和改革市场销售计划。为避免同质化现象，可采用多种可持续的商业服务方式，如“付费平台”与“减免活动”，凭借这种营销模式，可更好地区分信息的价值。用户可以结合自身需求来选择信息资讯，这样可以让用户获得更加美好的体验，相关企业也可以获取一定的经济效益。

（四）加强对新媒体人才的培养与引进

在新媒体产业创新发展的关键期，要注重人才的培养与引进，打造一支高素质的新媒体人才队伍。要发挥中央以及地方政策优势，积极引进复合型、高层次新媒体人才，缓解新媒体领域人才紧缺问题。新媒体公司仅仅利用传统人才管理模式难以“留住人”，所以还应建立完善的人才管理机制，在为新媒体人才提供良好的福利待遇的同时，还要为其创造良好的发展空间，吸纳更多的人才，并且激发其潜能，促进新媒体产业的创新发展。

1. 优化人才发展环境

深入贯彻“科教兴省、人才强省”战略，营造尊重知识、尊重人才的社会氛围，加大人才资本投资力度，持续扩大人才队伍规模。优化高校专业设置，加强新媒体产业管理专门人才的培养；鼓励新媒体产业人才在职学习，支持新媒体产业领域的骨干人才参加国内外高层培训。实施层级合理、规模适度、周期稳定的高层次文化人才培养工程，探索官产学研结合的高端文化人才培养模式，尽快造就一批新媒体产业拔尖人才和领军人才。深化户籍制度改革，完善社会保障制度，清除人才流动的制度壁垒，促进优秀文化人才自由有序流动，优化新媒体人才资源配置。针对新媒体产业紧缺的高端人才制定专门的人才引进政策，从财税政策、就业方式、家属安排等方面给予充分支持，用宽松的创业氛围、舒适的生活氛围引进并留住一批高层次文化创意人才和经营管理人才。创新新媒体人才聘用模式，鼓励弹性就业，注重优秀人才的功能性使用，鼓励高校和科研机构的优秀人才以多种形式参与新媒体产业。

2. 完善人才管理机制

（1）结合不同岗位设定不同激励措施

从新媒体产业发展实际需求来看，企业可制定科学合理的薪酬制度以及选拔任用制度，在满足员工基本需求的基础上实现员工自我成长。健全薪酬制度，可为新媒体产业技术专业岗位制订技能工资方案。结合员工的技能种类和实际工作情况支付工资，涉及基本工资、技能工资、工龄工资以及能力工资等。对于生产创作岗位以及营销岗位，可以采用浮动工资方案，涉及基本工资、奖金以及项目（节目）利润分成等；对于经营管理人员以及高层次人才，不仅包括基本工资、奖金外，还可以实行股权激励制度。可用一部分新媒体公司的股权作为对企业优秀管理人才以及高层次人才的奖励。

（2）完善晋升制度

要想留住人才，不仅需要加强薪酬激励，还需要完善晋升制度，这样可以更好地激发员工做事的热情。所以，需建立多阶梯的晋升制度，为专业人员给予相对应的阶梯，如要为管理人才给予管理方面的晋升阶梯，给技术人员搭建技术方面的晋升阶梯。不同阶梯之间是平等的，不同阶梯中同样级别的员工的福利、报酬以及待遇应保持一致。员工可结合自身实际来明确职业生涯发展方向，更好地为新媒体产业的发展贡献自己的力量。

第三节　现代媒介融合背景下的传媒规制

一、媒介融合与传媒规制的互构

（一）放松管制促进媒介融合发展

媒介融合是技术和市场共同催生的产物，而不管是技术创新，还是市场对利润最大化的追求，都需要在国家既有政策的轨道中运行。然而，国家的政策规制具有相对稳定性和持久性，媒介技术的创新和市场环境的变化有其自身的发展规律，并不能完全遵循政策规制的路线或指向。如此一来，媒介融合的发展动力与现实政策环境之间往往会产生矛盾。要解决这一矛盾，推动媒介融合向前发展，国家就需要在媒介政策规制上放松对媒介发展环境的管制。实际上，自 20 世纪 80 年代起，特别是从数字技术及新媒体兴起、媒介融合成为发展趋势以来，世界各国对媒介产业的政策都呈现出放松管制的潮流和倾向。

在美国，虽然其传统媒体产业一直处于市场化的竞争环境之中，但以美国联邦通信委员会（FCC）为代表的政府部门为这种竞争建立了各种政策规制，在很大程度上决定着媒体的数量及所有权归属。直到 1996 年，美国颁布《1996 年电信法案》，解除了对电信业和传媒业之间交叉所有权的限制。2002 年，美国联邦通信委员会（FCC）将《广播／电视跨媒体所有权限制令》和《报纸／广播／电视跨媒体所有权禁令》合并，并在很大程度上放宽了原法令对跨媒介所有权的限制，如合并后的法令规定：在拥有 3 个或少于 3 个电视台的市场内，不允许跨媒介所有权；在拥有 4～8 个电视台的市场内，1 家报纸和 1 家电视台可以与该市场内一半限额的广播电台联合；在拥有 9 个或 9 个以上电视台的市场内，跨媒介所有权则不受限制。

在欧洲，传媒运作处于公共服务体系之中，媒介市场受政府的控制或垄断。但是近年来，随着新媒体的兴起和发展，欧洲各国也在逐步放松对传媒业的管制。1999 年，英国颁布新广播法案，为数字广播电视的发展制定了管理框架，放宽了对媒体所有权的限制，并同时放宽了对电视台与节目制作商之间的交叉所有权以及对报业集团、广播电视集团在全国和地方的交叉所有权的限制；2003 年 7 月，英国议会又通过了新通信法案《英国通信法》，将原有的电信管制局、广播管制局、BSC 广播标准委员会、独立电视委员会和无线通信管制局 5 家合并为通信管制局（Ofcom），继续放松传播业的投资限制和所有权限制，促进了广播电视业与通信产业的快速融合。

20 世纪末，韩国政府为发展本国的文化产业，出台了包括《文化产业振兴基本法》《文化产业促进法》等法律法规，在此基础上修订了《广播法》《影像振兴基本法》《著作权法》等相关法规政策，一方面放松了对文化产业重要分支之一的传媒产业的管制；另一方面加强了对传媒业的扶持，这种扶持既表现在经费、财力上的投入，又表现在政策规制上的倾斜。

（二）媒介融合实践催生传媒新规制

政府主动放松对媒介发展的管制是媒介融合顺利进行的助推力，但在很多情况下，国家的政策规制并不能及时适应媒介生态环境的变化，甚至会阻碍媒介融合进程。事实上，许多对媒介融合起到推动作用的传媒规制，恰恰是由媒介融合自身促动和催生的。传媒规制作为国家上层建筑的一部分，有其固化和滞后的一面；而媒介融合的内在动力——“技术”和“市场”却处于国家“经济基础”层面，具有较强的活力和不稳定性。

媒介融合实践对传媒规制的促进作用在中国表现得较为明显。2009 年 5 月 19 日，国务院批转发展改革委《关于 2009 年深化经济体制改革工作意见》的通知（国发〔2009〕26 号），文件指出：落实国家相关规定，实现广电和电信企业的双向进入，推动“三网融合”取得实质性进展。2010 年 6 月底，在国务院的干预下，“三网融合”的 12 个试点城市名单公布。但是，在这些政策出台和落实之前，“三网融合”实质上已经推进了很长一段时间，“三网融合”的技术条件和市场环境也日臻成熟，但由于广电业与电信业的利益博弈等原因，“三网融合”所需的相关政策迟迟不出台，成为其发展的最大瓶颈。然而，“三网融合”的发展趋势已成事实，政策规制唯有适应事物发展规律和时代发展趋势，才能起到真正的作用。

二、媒介融合背景下传媒规制的发展方向

（一）“放松”与“约束”并行不悖

在媒介融合的大背景下，放松管制是传媒规制发展的必然要求。随着媒介融合趋势的显现和媒介融合实践的推进，原有的许多传媒规制显然已经无法适应媒介生态环境的变化，甚至整个传媒规制体系都显得过于陈旧。这就需要国家通过修改法律法规或出台新的传媒规制，降低政府或行政力量对于媒介市场的约束水平，释放更多基于市场机制的效力和能量，给媒介融合以更广阔的发展空间和更大的发展动力。

放松管制是为了放开竞争，顺应媒介融合的市场发展规律。然而，媒介融合背景下的放松管制并不是毫无区分地放宽规制，媒介融合所催生的新的媒介生态环境更需要科学、合理、有针对性的法律法规进行监督、规范和引导。放松管制是为了给媒介融合创造宽松的发展空间，但如果仅仅是放松管制，而不约束和监督媒介融合之后的媒介环境，那么很容易会出现各种各样的媒介失范问题。

所以，在媒介融合的背景下，放松管制与加强约束应是相互照应、并行不悖的。国家和政府应该在顺应市场发展规律的方面或领域放松管制，甚至提供更多

的政策支持；而对于容易出现问题的方面或领域加强监管，出台相应法律法规进行相应的规范和制约。

（二）应具有预见性和先导性

在媒介融合的背景和趋势下，媒介环境和传媒格局瞬息万变，因而对媒介环境起规范、监督和指导作用的传媒规制也不能被固化，而是应该做到既具有现实指导功能，又具有对未来媒介发展的预见性和先导性。

传媒规制的预见性和先导性，是指传媒规制应该预先判断媒介融合背景下的传媒发展趋势，并可以对传媒产业的发展方向进行正确引导。融合后的传媒发展之所以会出现各种各样的失范现象，在传媒规制方面，一是因为政策规制滞后于现实传播格局，二是因为政策规制缺少对媒介未来发展的预见性。这就要求传媒规制者在制定政策时要对媒介融合所带来的传播格局的改变情况进行准确预测，同时还应该具备判断和洞察未来传媒发展方向的能力。

参 考 文 献

[1] 李建刚．技术变革与广播媒介转型 [M]．北京：中国传媒大学出版社，2011．

[2] 赵靳秋，郝晓鸣．新加坡大众传媒研究：媒介融合背景下传媒监管的制度创新 [M]．北京：中国传媒大学出版社，2012．

[3] 文春英，顾远萍．当代中国大众传媒研究 [M]．北京：中国传媒大学出版社，2013．

[4] 杨娟．中国媒介生产融合研究 [M]．北京：中国广播电视出版社，2014．

[5] 赵心愚，余仕麟．传媒与文化产业：媒介时代前瞻 [M]．成都：四川大学出版社，2014．

[6] 朱毅著．抬头看路：电视媒体产业及转型研究 [M]．广州：世界图书出版广东有限公司，2014．

[7] 潘可武．媒介经营管理：创新与融合 [M]．北京：中国传媒大学出版社，2015．

[8] 陈少华，张燚．新媒体与传统媒体 [M]．成都：电子科技大学出版社，2015．

[9] 周志平．媒体融合背景下数字内容产业创新发展研究 [M]．杭州：浙江工商大学出版社，2015．

[10] 向志强．中国传媒产业发展实证研究 [M]．北京：学习出版社，2016．

[11] 谭笑．跨媒体营销策划与设计 [M]．北京：中国传媒大学出版社，2016．

[12] 王红强．产业融合趋势下的我国传媒产业发展研究 [M]．成都：四川大学出版社，2018．

[13] 毕伟．互联网时代的新媒体 [M]．兰州：甘肃科学技术出版社，2017．

[14] 韩晓宁．国际传媒集团经营发展与战略转型 [M]．广州：世界图书出版广东有限公司，2018．

[15] 王松，王洁．移动互联网时代的新媒体概论 [M]．上海：上海交通大学出版社，2018．

[16] 刘雪梅，王泸生．新媒体传播 [M]．广州：暨南大学出版社，2018．

[17] 罗小萍，李韧．传媒发展变革路径规律探析 [M]．北京：中国广播影视出版社，2018．

[18] 王健．美国传媒业融合发展理论及数字化探索 [M]．北京：中国广播影视出版社，2019．

[19] 林宁．中国影视媒体与产业发展策略研究 [M]．延吉：延边大学出版社，2019．

[20] 陈莹．媒介融合背景下传统新闻媒体转型研究 [M]．长春：吉林科学技术出版社，2020．

[21] 谷征．媒体融合理论与实践探索 [M]．北京：知识产权出版社，2021．

[22] 唐俊．万物皆媒：5G 时代传媒应用与发展路径 [M]．上海：复旦大学出版社，2021．

[23] 李佳蔓．大数据背景下传统媒体的媒介融合发展之路 [J]．新媒体研究，2016，2（18）：86－87．

[24] 李胜兰．媒介融合背景下传统媒体的发展探究 [J]．视听，2017（4）：189－190．

[25] 吴泽宇．媒介融合背景下传统媒体的发展瓶颈及破解路径 [J]．传播力研究，2018，2（12）：87．

[26] 邱培刚．媒介融合背景下传媒的生存与发展策略 [J]．西部广播电视，2018(5)：31－32．

[27] 宋新越．媒介融合趋势下传统媒体的发展 [J]．数字传媒研究，2018，35（6）：9－16．

[28] 欧阳申．广播传媒如何在媒介融合背景下创新性发展 [J]．传播力研究，2019，3（26）：73．

[29] 张雯嘉．传媒数字化背景下的媒介融合与全媒体传播 [J]．传媒论坛，2020，3（23）：23－24．

[30] 苏洁．媒介融合对传媒产业升级影响研究 [J]．采写编，2021（8）：181－182．

[31] 李莹．媒介融合的现状及对传媒业的影响研究 [J]．传媒论坛，2021，4（13）：

25–26.

[32] 李杨. 媒介融合发展趋势与传统媒体发展策略探析 [J]. 采写编，2021（8）：86–87.